인물로 보는 일본역사 제3권

미나모토노 요리토모
무사정권의 창시자

차례
Contents

무사정권 700년 역사를 열다

미나모토노 요리토모(源賴朝)는 일본 역사상 널리 알려진 인물이다. 그가 살았던 12세기 당대부터 오늘날에 이르기까지 많은 사람들의 관심을 받아왔다. 요리토모가 일본에서 최초로 무사정권을 창시했기 때문이다. 그가 12세기 말에 창설한 가마쿠라 막부(鎌倉幕府)가 그것이다. 가마쿠라 막부에 이어서 이후 무로마치 막부, 그리고 에도 막부로 약 700년이나 계속된 무사정권 역사의 문을 처음 열었던 인물이 바로 요리토모다.

일본에서는 "요리토모를 창시자로 하는 무사정권의 역사"라는 표현이 곧잘 사용된다. 무사정권이 장기간 존속했던 만큼 요리토모는 자신의 이름을 오랫동안 역사에 남길 수 있었다. 하지만 이것은 후세에 인식된 역사적 사실이다. 요리토모 자신이 당초부터 무사정권의 창시자가 되려고 의식했던 것은 아니며, 더구나 7세기니 걸친 무사정권의 존속을 예상하고 있던 것도 아니다.

요리토모는 주어진 시대 상황에서 자신의 생존을 위해서, 또 자신의 권력을 장악·유지하기 위해서 암중모색하며 고군분투했을 따름이다. 그 과정에서 또는 그 결과로 우리가 알고 있는 가마쿠라 막부라는 무사정권이 탄생했던 것이다. 무로마치 막부나 에도 막부도 각각 자기 정권의 정당화나 정치적 필요에 따라 이전 정권인 가마쿠라 막부와 요리토모에 대해 언급하고 이용했던 것에 불과하다.

일본에서 요리토모에 대한 평가는 시대에 따라 논자에 따라 각양각색이다. 오늘날 일본에서는 무사와 무사정권에 대한 일반의 평가가 높은 만큼, 그 창시자로서 요리토모에 대해서도 긍정적이다. 이러한 이해는 실은 일본의 근대 역사학이 태동한 20세기 초까지 거슬러 올라간다. 민간사학자로 명성을 떨친 야마지 아이잔은 그의 저서 『미나모토노 요리토모』(1909)에서, "일본이 낳은 위대한 영웅" "일본 역사가 낳은 가장 커다란 법제 제정자의 한 사람" "무사도의 화신"이라고 찬사를 보냈다. 관학 아카데미즘에서도 시대의 조류를

반영하여 "문무를 겸비한 대장" "황실을 받든 근왕가" 등 대체로 요리토모에 대해 찬미 일색이었다.

일본의 근대 역사학에서는 유럽 중세 봉건제와의 유사성에 주목하여 무사(특히 동국 무사)를 중세의 개척자로 자리매김하고, 가마쿠라 막부의 성립을 일본 중세 봉건제의 시작으로 보는 시각이 지배적이었다. 따라서 무사를 결집하여 가마쿠라 막부를 수립한 요리토모에 대한 평가는 높을 수밖에 없었다. 이러한 시각은 패전 후 전후역사학에 계승되고 1970~1980년대에 새로운 역사학의 조류가 나타날 때까지 이어졌다.

최근에는 무사에 대한 부정적 평가와 함께, 가마쿠라 막부의 의의를 상대화하는 연구 성과도 많이 나오고 있다. 하지만 대다수의 일본인은 무사와 무사정권에 대한 막연한 호감에 덧붙여, 요리토모를 영웅적 인물로서 바라보는 경향이 강한 것이 사실이다.

이 책은 특정 인물을 시대의 조류나 관심에 따라 재단하고 평가하는 방식은 택하지 않는다. 역사상의 인물을 객관적으로 이해한다는 입장에서, 현실 정치가로서 요리토모의 생애와 사상, 행동과 정책을 그가 살았던 시대의 정치·사회·정신적인 상황 속에서 살펴보려고 한다. 개인의 성격이라는 주관적 요소도 무시할 수 없지만, 요리토모를 둘러싼 시대의 객관적 조건이 그의 사상과 행동을 어떻게 규제했는지, 또 동시에 그가 주어진 조건에 대응하면서 어떻게 새로운 변화를 이끌어냈는지 아울러 서술하도록 하겠다.

요리토모가 가마쿠라 막부를 수립한 것과 같은 시기에 우연하게도 고려에 무신정권이 등장했다. 동시대에 나타난 고려와 일본 양국의 무인 정권은 어떤 공통점과 차이점이 있는지 매우 흥미로운 문제다. 이것에 대해서도 기존 연구들을 참고하여 간략히 정리하였다.

제1장 요리토모의 생애

요리토모의 탄생

미나모토노 요리토모(源賴朝)는 1147년, 미나모토노 요시토모(源義朝)와 아쓰타다이구지(熱田大宮司) 후지와라노 스에노리(藤原季範)의 딸 사이에서 태어났다. 아버지 요시토모는 11세기 후반 무가(武家)의 동량(棟梁), 즉 '무사 가문의 기둥'으로 불린 하치만타로 요시이에(八幡太郎義家)로부터 4대째 적자(嫡子)다[요시이에(義家)-요시치카(義親)-다메요시(爲義)-요시토모(義朝)].

10세기 중엽 세이와(淸和) 천황에서 나온 존귀한 무사 혈통인 세이와 겐지(淸和源氏)의 일족이 가와치국(河內國)에 근거를 두면서 가와치 겐지(河內源氏)가 성립하는데 요시이에는 그 후손이다[요리노부(賴信)-요리요시(賴義)-요시이에(義家)]. 요시이에와 그 아버지 요리요시는 이후 사가미국(相模國) 가마쿠라(鎌倉)에 본거지를 두고 간토(關東) 지방에서 겐지(源氏)의 세력을 강화하였다.

요시토모는 선조에게 물려받은 가마쿠라의 저택을 본거로 사가미·가즈사(上總)·시모사(下總) 등에서 세력을 떨치며 지방 무사들을 복종시켰다. 당시 간토의 지방 무사들은 여러 분쟁을 일으키고 있었는데, 요시토모는 이에 적극 관여하면서 무사들을 자신의 종자(從者: 從臣)로 만들어갔다. 또한 요시토모는 지방 유력자의 딸과 정략결혼을 통해 세력 확장의 기회로 삼았다. 요시토모가 미우라 반도(三浦半島)의 유력 호족 미우라노스케 요시아키(三浦介義明)의 딸 사이에 장남 요시히라(義平)를 얻고, 사가미국의 유력 무사 하타노 요시미치(波多野義通)의 누이 사이에서 차남 도모나가(朝長)를 낳았던 것도 그 방편이었다.

그 후 요시토모는 교토(京都)에 상경하여 하급 귀족 후지와라노 스에노리의 딸과 결혼하여 요리토모를 낳았다. 요리토모의 어머니는 오와리(尾張)의 명문가 아쓰타다이구지 가문의 딸로 지방 무사의 혈통과는 가문의 격이 달랐기 때문에 요리토모는 3남이면서도 겐지 가문에서 대대로 전해지는 명검 히게키리마루(鬚切丸)를 받고 적자가 되었다. 아쓰타다이구지 가문은 도바(鳥羽) 법황(法皇: 출가한 상황上皇), 고시라카와(後白河) 천황 등을 측근에서 모셨는데, 요시토모도 그 연줄로 법황의 총애를 얻어 1153년에는 종5위하의 서작(敍爵)[1]을 받고 시모쓰케노카미(下野守: 시모쓰케국의 장관인 고쿠시國司)가 되었다.

이리하여 요시토모는 귀족사회의 일원이 될 수 있었다. 이것은 요시토모 개인에게 일대 전환점이었을 뿐만 아니라, 12세기 이래 부진을 면치 못했던 가와치 겐지로서도 대약진이었다. 동국(東國: 일본열도의 동쪽으로 현재 시가현滋賀県 동쪽이 해당되며 그 중심은 간토關東 지방)에서 쌓아올린 요시토모의 무력을 도바 법황이 주목하여 발탁한 것이 그 배경이었다. 이후 요시토모는 도바원(鳥羽院: 도바 상황·법황의 거처)의 근신(近臣)으로의 길을 걷게 되었다.

이상과 같이 요시토모의 생애는 동국의 무사사회에서 분쟁으로 지고 샌 전반기에서, 수도의 귀족사회에서 도바원의 근신으로 활약한 후반기로 크게 선회하였다. 그 전환점의 역할을 했던 것이 바로 처가 아쓰타다이구지와의 관계였던 것이다. 그런 의미에서 요리토모의 탄생은 원(院)의 근신으로서 요시토모의 후반생의 출발을 상징하는 사건이었다.

귀공자 요리토모

요리토모가 태어나 자란 곳은 수도 교토였다. 요리토모의 유년기는 아버지의 지위가 높아가던 때라서 유복한 환경이었다. 이복형인 요시히라와 도모나가가 지방의 거친 환경에서 성장했음에 비해 훨씬 귀족적인 것이었다. 요리토모의 유모는 동국 무사 가문의 여성이 적지 않았지만, 한편에서 하급 귀족 가문의 여성도 있었다. 요리토모의 성장에는 무엇보다 외가인 아쓰타다이구지 가문의 영향이 컸다.

1158년 요리토모는 12세에 처음 관직을 얻었는데, 그것은 황후궁(皇后宮)의 3등관 직책인 곤노쇼신(權少進)이었다. 도바의 황녀인 무네코(統子)가 황후의 존호(尊號)를 받은 기회에 임관된 것이었고, 다음 해 무네코가 조사이몬인(上西門院)이라는 뇨인호(女院号: 천황의 어머니, 황후, 후궁, 내친왕 등에게 수여하는 호칭)를 받았을 때는 그 비서격인 조사이몬인 구로도(藏人) 그리고 이어서 니조(二条) 천황의 구로도가 되었다. 그가 황실을 가까이에서 모시는 이러한 관직을 지냈던 것은 외가 쪽 관계에 힘입은 것이었다.

요리토모 최초의 임관 2년 전에는 충격적인 사건이 발생하였다. 1156년 황위 계승 문제로 조정이 고시라카와 천황파와 스토쿠(崇德) 상황파로 분열되어 '호겐(保元)의 난'이 일어났다. 이때 도바원의 총애를 받던 요시토모는 고시라카와와 천황 편에 섰다. 양측의 충돌에서 헤이시(平氏)와 요시토모의 병력으로 구성된 천황 측의 군사가 요시토모의 아버지 다메요시 등 스토쿠 상황 측의 군사를 물리쳤으며, 그 결과 요시토모는 아버지를 비롯하여 동생 8명을 처형해야만 했다. 당시 열 살이었던 요리토모는 아버지가 할아버지와 나이 어린 숙부들을 죽이는 비극을 보고 있었음이 틀림없다. 하지만 전공을 세운 아버지 요시토모는 우마노곤노카미(右馬權頭)에 이어서 사마노카미(左馬頭)의 요직에 임명되었고, 천황의 측근으로 다이리(內裏: 천황의 거처)의 전상(殿上)에 출사하는 지위에까지 올랐다[우치노쇼덴(內昇殿)].

그러나 1159년 겨울, 요시토모는 불만파인 후지와라노 노부요리(藤原信賴)와 결탁하여 쿠데타를 일으켰다. 정적(政敵) 다이라노 기요모리(平淸盛)가 기이국(紀伊国) 구마노(熊野)에 참배하러 간 틈을 노렸지만, 급보에 바로 돌아온 기요모리의 군사에게 패하고 말았다. 요시토모 일행은 동국으로 도망치다가 오와리국(尾張國)에서 요시토모가 암살되었고, 요리토모는 미노국(美濃國)에서 체포되어 교토로 압송되었다.

이 사건이 바로 '헤이지(平治)의 난'이다. 당시 열세 살의 소년이었던 요리토모는 쿠데타 직후에는 종5위하에 올라 귀족의 일원이 되는 동시에, 우효에곤노스케(右兵衛權佐: 궁정의 경호를 담당하는 우효에후의 차관)에 임명되었지만, 기요모리

에게 패하자 반란자로서 언제 죽임을 당할지 모르는 신세가
되었다. 귀공자로 승승장구하던 그의 삶이 순식간에 절망의
나락에 떨어진 순간이었다.

구사일생

요리토모 자신이 생애 처음 전투에 나섰던 헤이지의 난에
서 패배한 후 그는 요시토모의 적자로서 처형될 운명에 처
해 있었다. 그런데 기요모리의 계모인 이케젠니(池禪尼)가 요
리토모의 구명을 탄원하였다.『헤이지모노가타리(平治物語)』
에서는 요리토모가 그녀의 요절한 자식 이에모리(家盛)와 꼭
닮았기 때문에 그의 구명을 탄원했다고 기술하고 있다. 하지
만 그 배경에는 도바의 황녀인 조사이몬인의 주변 사람들,
특히 아쓰타다이구지 가문 관계자의 노력이 있었던 것으로
보인다.

이케젠니는 원래 도바원의 중궁인 다이켄몬인(待賢門院)
과 관계가 있었고, 그 딸인 조사이몬인 주변 사람들과도 인
연이 적지 않았다. 요리토모의 외가인 아쓰타다이구지 가문
이 도바 법황을 측근에서 모셨던 관계로 도바의 중궁이었던
다이켄몬인과 그 딸 조사이몬인 측에 요리토모의 구명을 의
뢰하였고, 이들과 가까운 관계였던 이케젠니가 기요모리에
게 탄원하게 된 것으로 추정된다. 구사일생으로 목숨을 건진

요리토모는 이케젠니에게 깊은 은혜를 느끼고 훗날 그녀의 아들 다이라노 요리모리(平賴盛) 일가를 보호하였다.

기요모리는 당초 요리토모를 처형할 생각이었지만, 결국 이케젠니의 간청을 받아들여 그를 이즈국(伊豆國: 시즈오카현)의 히루가코지마(蛭ヶ小島)섬에 유배 보냈다. 그리고 요리토모의 친동생 마레요시(希義)는 도사(土佐)로 유배 보내고, 이복동생 노리요리(範賴)는 다른 집안의 양자로 가 있었기 때문에 죄를 묻지 않고, 이마와카(今若)·오토와카(乙若)·우시와카(牛若: 요시쓰네義経) 등 다른 이복동생 삼형제도 처형하지 않고 절에 넣는 것으로 만족했다. 이리하여 요리토모는 1160년 봄 열네 살의 나이로 이즈에 유배되어 그 후 20년 동안 가장 아름다운 청춘시절을 외딴섬에서 지내게 되었다.

유배 생활

요리토모가 어떻게 유배 생활을 보냈는지는 자세히 알 수 없다. 제명을 다하지 못한 아버지와 형의 명복을 빌기 위해 사경(寫經: 경문을 베끼는 일)과 독경을 하느라 밤을 지샜다고도 하지만, 한창나이에 그것에만 매달리지는 않았을 것으로 생각된다. 그는 헤이지의 난에서 죽은 이복형 요시히라처럼 간토 지방의 산야를 돌아다니는 거친 무장은 아니었지만, 자주 사냥을 나가 몸을 단련했던 것 같다. 하지만 열세 살까지 수도에서 자라 왕조 문화의 우아함을 맛보고 고전 시가인 와카(和歌)를 접했던 요리토모는 이른바 '동이(東夷)'라고 불린 동국의 거친 지방 무사들과는 면모가 달랐음이 틀림없다.

요리토모는 헤이시 편에 속한 토호들인 호조(北条), 구도(工藤), 우사미(宇佐美), 이토(伊東), 가노(狩野) 등의 무사난에 에워싸여 감시를 받고 있었다. 하지만 헤이시의 천하가 계속되고 겐지의 영향력이 쇠퇴하고 있었기 때문에 오로지 경전을 읽고 있는 요리토모에 대한 경계도 차츰 풀어지게 되었다. 더욱이 그가 존귀한 혈통의 하나인 세이와 겐지의 적자 혈통이라는 점은 토호 지방 무사(그리고 그 가문의 딸들)에게 나름대로 매력적이었을 것이다.

지방 무사들은 지방장관 고쿠시의 현지 집행관인 모쿠다이(目代)의 지휘 아래 지방 행정의 실무를 담당해왔는데 그러한 지위를 재청관인(在廳官人)이라고 한다. 재청관인의 다수는 무사화한 유력 호족이며 대대로 그 지위를 세습하고 있었다.

요리토모는 이즈국 재청관인의 한 사람인 이토 스케치카(伊東祐親)의 딸 사이에 아들을 낳았다. 모반인의 일족인 요리토모의 자식을 자신의 딸이 키우고 있다는 것을 듣자 헤이시의 가신이었던 스케치카는 격노하여 요리토모의 아들을 죽이고 요리토모를 살해하려고 했다. 이때 요리토모는 가까스로 도망쳤다.

하지만 같은 재청관인인 호조 도키마사(北條時政)는 이토 스케치카와 달랐다. 그는 자신의 맏딸 마사코(政子)가 요리토모와 몰래 사랑에 빠진 것을 알고 서둘러 야마키 가네타카(山木兼隆)에게 시집보내려 했으나, 마사코가 야마키의 저택을 뛰쳐나와 요리토모에게 돌아가자 결국 결혼을 허락하였다. 유배자의 몸인 요리토모로서는 호조 도키마사라는 이즈국의 유력 호족의 후원을 받게 되었던 것이고, 도키마사는 겐지 적자와 혈연으로 연결되는 가문의 영예를 기대했던 것이다.

요리토모의 거병

호조 도키마사라는 유력한 후원자를 얻은 뒤 얼마 지나지 않아 요리토모에게 고시라카와 법황의 둘째 아들 모치히토 왕(以仁王)의 명령을 담은 영지(令旨: 황태자의 명령을 전달하는 문서)가 도착하였다. 1180년 4월, 헤이시의 전횡에 불만을 품고 있던 모치히토 왕은 헤이시 지배하에서 세력을 유지하고 있던 겐지 무사 미나모토노 요리마사(源賴政)와 함께 헤이시 타도를 내걸며 봉기하였다. 그는 동국 지방의 겐지 및 지방 무사들에게 군사를 일으키는 데 호응할 것을 명하는 영지를 발포했다.

또한 모치히토 왕은 다이라노 기요모리가 고시라카와 법황을 유폐하고 그 근신을 처벌한 행위를 규탄하면서 기요모리를 모반자로 단정하고 있었다. 요리토모에게 영지가 전달된 것은 전통적으로 형성된 동국 부사에 내한 세이와 겐지의 통솔력과 그 적자 혈통에 대한 기대 때문이었다.

살아남아 있던 숙부 미나모토노 유키이에(源行家)가 모치히토 왕의 영지를 받아 요리토모에게 전달했을 때, 그는 호조 도키마사의 거처에서 보호받는 존재가 되어 있었다. 처음에는 선뜻 거병에 나서지 못했지만, 미나모토노 요리마사의 무력 봉기에 경악한 헤이시 정권이 지금까지 살려두었던 겐지의 중요 인물을 제거하려 한다는 정보가 들어오자 요리토모도 결단을 내릴 수밖에 없었다. 5월경 영지가 이즈국에 도착한 후 8월이 되어서야 거병하기에 이르렀다. 이미 모치히토 왕과 요리마사가 우지(宇治)에서 헤이시 군에 패하여 전사했지만, 요리토모는 마침내 모치히토 왕의 영지를 내걸고 궐기했다. 일설에는 몬카쿠(文覺)라는 승려가 고시라카와 법황의 뜻을 은밀히 전해 요리토모의 거병을 촉구했다고도 하지만 근거가 박약하다.

요리토모는 도키마사를 비롯하여 이즈국과 사가미국의 무사들을 규합하여 거병하고, 8월 17일 이즈국의 헤이시 일족인 야마키 가네타카를 공격하여 멸망시켰다. 이어서 가문의 본거지였던 가마쿠라를 향해 나아갔지만, 8월 23일 사가미국 이시바시산(石橋山) 전투에서 오바 가게치카(大庭景親)와 이토 스케치카의 군사에게 패하였다. 요리토모는 하코네(箱根) 산속으로 도망쳤고, 병사들이 흩어진 가운데 도히 사네히라(土肥実平) 등 소수의 병력과 함께 몰래 바닷길로 보소반도(房総半島)의 아와국(安房國)으로 건너갔다.

아와국에서 호조 도키마사, 미우라 요시스미(三浦義澄) 등과 다시 만난 후 재기를 꾀하기 위해 대규모 무사단을 거느리고 있던 가즈사국의 가즈사노스케 히로쓰네(上総介広常)와 시모사국의 지바 쓰네타네(千葉常胤)의 협력을 구하였다. 그리고 처음에는 헤이시 측에 섰던 무사시(武蔵)의 하타케야마 시게타다(畠山重忠), 가와코에 시게요리(河越重頼), 에도 시게나가(江戸重長) 이하 많은 지방 무사들을 포섭하는 데 성공함으로써 마침내 10월 6일 가마쿠라에 들어갈 수 있었다. 이시바시산 전투 패배 후 불과 1개월 남짓하여 정세가 일변, 요리토모는 대군을 이끌고 일찍이 아버지 요시토모가 살았던 가마쿠라에 들어갔다.

가마쿠라에서 지방 정권 수립

한편 이시바시산 전투의 보고를 받은 헤이시는 조정으로부터 요리토모의 토벌 명령을 얻어내 다이라노 고레모리(平

維盛)를 총대장으로 한 대군을 파견하였다. 10월 20일 스루가국(駿河國) 후지강(富士川)에서 기요모리가 보낸 헤이시 측 무사들과 요리토모 휘하의 겐지 측 무사들이 대진하였다. 그런데 그날 밤 강 주변의 물새가 일제히 날아오르는 소리를 겐지 측의 야습으로 착각한 고레모리 군대는 공포에 사로잡혀 거의 싸우지도 못하고 패주해버렸다.

후지강 전투의 승리는 요리토모의 위세를 높이고 동국의 겐지 무사단에게 커다란 자신감을 심어주었다. 이때 요리토모는 헤이시를 뒤쫓아 교토로 향하려고 했지만, 지바 쓰네타네 등의 간언을 받아들여 동국을 평정하는 데 주력하기로 했다. 우선 요리토모에게 적대했던 히타치국(常陸國)의 사타케(佐竹) 가문을 토벌하였고, 고즈케국(上野國)의 닛타(新田) 가문에게 복종을 촉구했으며, 시모쓰케국(下野國)의 오야마(小山) 가문 등 유력 무사들의 복종을 받아냈다. 그리고 요리토모 휘하의 무사들을 가신으로 하여 고케닌(御家人: 요리토모를 주인으로 섬기는 무사)으로 삼고, 이들을 통솔하는 기관으로 사무라이도코로(侍所)를 설치하여 와다 요시모리(和田義盛)를 그 책임자로 임명하였다. 사무라이도코로는 가마쿠라 막부 최초의 통치기구라고 할 수 있다. 그리하여 1180년 말 요리토모는 가마쿠라를 본거로 하는 지방 정권을 수립했던 것이다.

가마쿠라는 삼면이 바다로 둘러싸인 천혜의 군사적 요새이자 요리토모의 선조 때부터 겐지와 밀접한 관련이 있는 지역이었다. 요시이에의 아버지 요리요시가 겐지 가문의 조상신 하치만신(八幡神)을 봉안하여 겐지와 특별한 연을 맺은 장소이며, 요시토모가 간토 지방에서 지배권을 쌓기 위해 기반으로 삼은 곳이기도 했다. 1180년 12월 12일 요리토모는 가마쿠라의 새 저택에 입주하는 의식을 대대적으로 행하였는데, 여기에 모인 무사는 총 311명이었다. 이들 동국의 무사들은 일치단결하여 요리토모를 가마쿠라도노(鎌倉殿)로 섬길 것을 표명하였고, 요리토모는 이들 무사를 고케닌으로 인정하는 주종관계(主從關係)를 맺었다. 가마쿠라도노에 의한 영지의 보증과 급여에 대한 대가로 무사들은 가마쿠라도노에게 군사적 복종 등 여러 가지 봉사를 하는 주종관계가 바로 고케닌 제도였다.

기소 요시나카와의 패권 다툼

그 후 요리토모의 세력은 스루가국에서 도토미국(遠江國)으로 확대되었지만, 다음 해 1181년 3월 오와리국 스노마타강(墨俣川) 전투에서 헤이시 군에 패배하여 전선은 교착상태에 빠졌다. 한편, 1180년 시나노국(信濃國)에서 거병했던 기소 요시나카(木曽義仲)가 시나노에서 에치고(越後)로 진출하여 호쿠리쿠(北陸) 지방을 제압하였으며, 1183년 7월 헤이시를 쫓아 교토에 상경하였다.

요시나카는 요리토모의 사촌으로 모치히토 왕의 영지에 응해 거병했던 겐지 일족의 하나였다. 그는 헤이시를 교토에서 몰아내는 쾌거를 이루었으나 이윽고 고시라카와 법황과 대립하게 되었다. 요리토모는 법황과 결탁하여 자신의 유력한 라이벌인 요시나카의 실각을 꾀하였다. 헤이시가 수도를 버리고 서쪽으로 도피한 후 실권을 장악한 법황에 대해서 요리토모가 접근하여 양자는 급속하게 가까워졌다. 그 결과 1183년 10월, 요리토모에게 호쿠리쿠 지방을 제외한 동국의 행정권 및 군사지배권을 인정한다는 내용의 선지(宣旨: 천황·태정관太政官의 명령을 전달하는 문서)를 얻는 데 성공하였다.

선지의 발급은 요리토모가 실력으로 정복하고 있던 동국에 대한 지배권을 공인받은 것을 의미하는 동시에, 조정도 내란 상태였던 동국의 지배를 요리토모의 힘을 빌려 회복했다는 것을 의미한다. 고시라카와 법황과 요리토모와의 긴밀한 제휴는 요시나카의 분노를 샀고, 요시나카는 11월 법황을 유폐하였다. 이에 요리토모는 동생 노리요리와 요시쓰네의 군대를 교토에 보냈으며, 1184년 1월 그들은 요시나카의 군대를 격파하고 교토에 들어갔다.

헤이시의 멸망

요리토모가 보낸 군대가 교토를 장악하자 곧바로 헤이시 토벌 명령이 내려져 노리요리와 요시쓰네 두 사람은 서둘러 서국(西國: 일본열도의 서쪽)으로 출격하였다. 규슈(九州) 다자이후(大宰府)까지 후퇴했던 헤이시가 세력을 회복하고는 수만 기의 병력으로 후쿠하라(福原: 효고현 고베시)까지 진출하여 교토 탈환을 노리고 있었던 것이다.

법황의 명령을 받은 노리요리와 요시쓰네는 2월 헤이시군을 공격하여 해상으로 몰아냈다(이치노타니—谷 전투). 이 전투 후 노리요리는 가마쿠라로 돌아가고 요시쓰네는 교토에 남았는데, 가마쿠라에서는 병량미나 군선(軍船)의 조달 등을 위해 약 반년간 휴전 상태에 들어갔다. 이 동안에 막부 체제의 강화에 힘쓴 요리토모는 1184년 10월, 정무·재정업무를 관장하는 구몬조(公文所)와 재판사무를 담당하는 몬추조(問注所)를 설치하였다.

이윽고 요리토모는 노리요리에게 명하여 헤이시 토벌군을 파견하였다. 노리요리 군은 산요도(山陽道)의 서쪽으로 진격하여 1185년에는 규슈 분고국(豊後國)으로 건너가 나가토국(長門國) 히코시마(彦島)섬을 본거로 하는 헤이시 일족의 배후를 위협하였다. 한편 요시쓰네는 다시 헤이시 공략을 위한 출진을 명령받아 사누키국(讚岐國) 야시마섬(屋島: 가가와

현 다카마쓰시)의 헤이시를 습격하였고, 해상으로 도주하는 헤이시를 쫓아 3월에는 나가토국 단노우라(壇の浦: 야마구치현 시모노세키)에서 노리요리 군과 연합하여 마침내 헤이시를 멸망시켰다(단노우라 전투). 1180년 요리토모가 거병한 지 5년 만에 헤이시 일족은 몰락하고 겐지 가문이 승리를 거두었던 것이다.

요시쓰네와의 대립

단노우라 전투의 승리로 말미암아 요리토모는 종2위에 서임되어 3위 이상의 상층 귀족인 공경(公卿)의 대열에 들어갔지만, 그 무렵부터 동생 요시쓰네와의 대립이 첨예화되었다. 헤이시 공략에 다시 나서기 전 1184년 8월, 요시쓰네는 요리토모의 뜻을 무시하고 게비이시(檢非違使: 교토의 치안 유지와 민정을 담당), 사에몬노조(左衛門尉: 궁정을 경호하는 사에몬 후의 제3등관)의 자리에 올라 요리토모의 분노를 샀다. 요리토모는 고케닌들이 자신의 허가 없이 조정의 관직에 임명되는 것을 엄격히 금지하고 있었기 때문이다. 형제간 불화의 배후에는 요리토모의 세력 신장을 견제하기 위해 요시쓰네를 이용하려고 하는 고시라카와 법황의 술책이 있었다고 보인다.

헤이시가 멸망한 후 형제간의 불화는 표면화되었다. 1185년 5월 요시쓰네는 다이라노 무네요리(平宗賴) 등을 연행하여 가마쿠라에 내려갔지만, 요시쓰네만 가마쿠라에 들어오는 것을 허락하지 않아 결국 교토로 되돌아가야 했다. 요리토모는 곧이어 자객을 교토에 보내 요시쓰네를 암살하려고 했지만 실패하였다. 이를 계기로 반란을 결심한 요시쓰네는 유키이에와 함께 고시라카와 법황을 압박하여, 1185년 10월 요리토모 토벌의 명을 받아냈다. 그러나 요시쓰네 휘하에 모인 병력은 매우 적었기 때문에 요시쓰네는 교토에서 퇴각해야만 했다.

전국의 군사경찰권 장악

한편 토벌 명령이 내려졌다는 사실을 안 요리토모는 몸소 대군을 이끌고 출진했지만, 요시쓰네가 도피했다는 소식을 듣고 가마쿠라로 되돌아왔다. 그리고 호조 도키마사 이하 대군을 교토에 파견하여 막부의 군사적 위세를 보였다. 요리토모는 이때 무력으로 위협을 하면서 토벌의 선지를 내린 고시라카와 법황의 책임을 강하게 추궁하였다.

"토벌 선지는 원(고시라카와)의 진의에 의한 것이 아니다"라고 변호하는 고시라카와 측에 대해서, 요리토모는 "그렇게 하여 국가와 사람들을 혼란에 빠뜨리는 당신이야말로 일본 제일의 다이텐구(大天狗: 깊은 산속에 사는 요괴)와 다름없다"고 혹독하게 힐난했던 것은 유명한 이야기다.

결국 법황은 명령을 철회하고 거꾸로 요시쓰네 토벌의 명령을 내렸지만, 요리토모는 법황의 책임을 물어 강력한 정치적 요구에 대한 승인을 얻어냈다. 그 요구 중의 하나는 조정 정치의 쇄신이었다. 즉, 친(親)요시쓰네 파인 법황의 근신들을 해임하고 유배 보낼 것, 친(親)요리토모 파 공경들의 합의에 의한 정치를 운영할 것, 구조 가네자네(九条兼実)를 나이란(內覽: 태정관에서 천황에 상주하거나 천황이 태정관에 내리는 문서를 사전에 보는 직책)에 임명해서 정치를 주도하게 할 것 등이다. 이 조치는 법황의 독재를 억지하는 것이 목적이었다.

또 하나의 요구는 지방 지배의 강화였다. 요시쓰네의 수색과 기타 반란 방지를 위한다는 명목으로 전국적으로 슈고(守護)와 지토(地頭)를 설치하는 칙허를 획득함으로써 요리토모의 군사경찰권을 강화한 것이었다.

본래 '총추포사(總追捕使)'라고 불린 슈고는 각국에 설치되는 군사 지휘자이며, 지토는 지방의 영지(장원莊園과 그 외의 토지인 공령公領)에서 토지를 관리하고 세금을 징수하며 치안 유지를 맡는 직책이다. 1183년 10월의 선지에 의해 동국의 지배권은 확립되어 있었지만 이제 서국의 무사까지 통솔하는 체제를 갖춘 것이었다.

슈고·지토제는 고케닌제와 함께 가마쿠라 막부의 중요한 존립 기반이었다. 요리토모는 자신의 가신인 고케닌을 슈고·지토에 임명함으로써 전국적인 군사경찰권을 장악했다. 다만 지토에 대해서는 조정으로부터 권한을 인정받기 이전부터 요리토모가 고케닌을 각지의 지토에 임명하고 있었다.

실제는 거병 당초부터 적군의 영지를 몰수하고 그것을 공적이 있는 아군의 무사들에게 은상으로 나눠주고 있었고, 그 명칭은 지토라는 호칭으로 통일되어 갔다. 고케닌들이 전투 과정에서 점령·탈취한 적군의 영지를 그대로 이들의 지배 영지로서 요리토모가 추인하고 있었던 것이다. 이와 같이 동국 지방의 내란 속에서 은상으로 주던 지토직의 수여를 보다 넓은 범위에서 행할 수 있는 권한을 1185년 칙허를 통해 획득했다.

오슈 정복

거병에 실패하고 규슈로 도망치려다 폭풍우에 조난당한 요시쓰네는 요시노와 나라, 교토를 전전한 끝에 후지와라노 히데히라(藤原秀衡)에게 의탁하기 위해 1187년 도호쿠 지방의 오슈(奧州) 히라이즈미(平泉)에 들어갔다. 다음 해 요시쓰네의 소재를 파악한 요리토모는 줄기차게 오슈 후지와라 가문에게 압력을 가했고, 마침내 1189년 윤4월 히데히라의 아들 야스히라(泰衡)는 요리토모의 압력에 굴복하여 요시쓰네를 습격하였고, 그의 목을 가마쿠라에 보냈다. 그러나 요리토모는 지금까지 후지와라 가문이 요시쓰네를 비호해온 것을 책망하고 스스로 대군을 이끌고 같은 해 7월 오슈 정복 길에 올랐다. 헤이시 타도를 위해 거병한 이래 처음으로 자신이 직접 대군을 이끌고 장거리 원정에 나선 것이었다.

요리토모는 고케닌만이 아니라 전국의 일반 무사까지도 동원령을 내려 전국의 무사를 자신의 군사적 지배 통제 아래에 두려고 했다. 요리토모는 그의 선조인 미나모토노 요리요시와 요시이에가 일찍이 전구년(前九年, 1051~1062)·후삼년(後三年, 1083~1087)의 전투에서 보인 활약상을 그대로 재현함으로써 겐지의 후예인 자신의 권위를 만방에 과시한 것으로 보인다. 1189년 9월 다분히 정치적 의도를 가진 오슈 정복을 달성하고 10월 요리토모는 가마쿠라로 개선하였다. 이로써 무쓰국(陸奥國)과 데와국(出羽國)은 막부의 직할 지역이 되고, 요리토모의 지배는 거의 전국에 미치게 되었다.

요리토모가 유배자의 몸에서 거병하여 숱한 곤경과 위기를 헤치며 마침내 천하 병마의 권한을 손에 넣은 것은 그의 탁월한 능력 없이는 불가능했다고 보인다. 후지강 전투에서 승리한 후 기세를 타고 교토에까지 오르는 것을 자제하고 간토에서 정권의 기반을 만드는 일에 전념했으며, 요시나카가 병참 준비도 하지 않은 채 교토에 들어갔다가 조정 측과 갈등을 겪는 상황을 포착해 대군을 교토에 보내 요시나카를 일거에 제거한 것 등은 요리토모가 인내하며 때를 기다릴 줄 아는 인물이었음을 말해준다. 또한 헤이시를 추격하는 데 병참 문제로 어려움을 겪던 동생 노리요리에 대해서, "결코 현지 사람들에게 미움을 사는 일이 없도록 해야 한다"고 주의를 주는 등 신중한 자세를 보이고 있었다.

승리자로서 교토 상경

오슈 정복 이듬해 1190년 10월 요리토모는 교토에 상경하였다. 1180년 이래 겐지와 헤이시의 쟁란에 의한 전국적인 내란은 10년 만에 종식되어 평화가 회복되었고, 동시에 요시쓰네 문제를 계기로 격화됐던 법황 및 조정과의 대립이 해결되어 조정과 막부의 관계가 변화하였다. 그때까지 재삼 법황으로부터 교토 상경을 요구받고 있던 요리토모는 오슈 제압에 성공한 후인 1190년 마침내 상경 길에 올랐다.

요리토모가 교토에 상경했던 당시의 모습에 대해서 『우관초(愚管抄)』에서는 다음과 같이 상세하게 묘사하고 있다.

교토에 들어온 요리토모 앞으로는 무사를 3기(騎)씩 나란히 행진시켰는데 그 수는 700기에 달했고, 또한 요리토모의 뒤로는 정렬하지 않은 300기의 무사가 따랐다. 요리토모는 그야말로 웅대한 모습으로 검은 말을 타고 있었다.

세상 사람들이 오래전부터 빨리 상경할 것을 기대하고 있던 만큼, 이러한 모습은 위풍당당한 군사정권의 수장으로서 깊은 인상을 주었을 것임이 틀림없다. 『우관초』의 저자인 천태좌주(天台座主) 지엔(慈円)은 교토에 상경한 요리토모에 대해서, "과연 말세의 장군으로는 보기 힘든 훌륭한 일이다. 매우 뛰어난 기량을 갖춘 인물이다"라고 칭찬하고 있다. 고시라카와 법황도 요리토모를 가리켜 '비할 데 없는 자'로 생각했다고 한다.

또한 지엔의 형이자 요리토모와 친밀했던 구조 가네자네는 일찍이 자신의 일기에서, "요리토모라는 인물은 위세가 엄숙하고 품성이 강렬하다. 판결이 분명하고 시비가 명쾌하다(『옥엽(玉葉)』 1183년 10월 9일조)"라고 적고 있었는데, 그러한 인상은 교토 귀족들에게 새삼 깊게 각인되었을 것이다.

요리토모에게는 이즈에 유배된 지 30년 만에 찾는 교토의 땅이었다. 그 감개는 대단한 것이었겠지만 실제로 요리토모가 취한 태도는 담담하였다. 조정이 강권하다시피 임명한 곤노다이나곤(権大納言)과 우코노에노다이쇼(右近衛大将)를 곧바로 사임하고 교토에 1개월 반 정도 체재한 후에 가마쿠라로 귀환하였다. 내란 과정에서 인정받은 군사경찰권을 평상시의 권한으로 다시 인정받아 요리토모는 '일본국(日本国) 총추포사(総追捕使)·총지토(総地頭)'에 임명되었다.

세이이 다이쇼군 취임

요리토모는 교토에서 우코노에노다이쇼 임명 직후 바로 사임하여 '사키노우다이쇼(前右大將)'가 되었는데, 이것이 요리토모의 공식적인 칭호가 되어 가마쿠라 전 시대를 통해서 사용된다. 하지만 원래 요리토모가 바랐던 칭호는 '다이쇼군(大將軍)'이었다.

요리토모는 고시라카와원이 죽은 후 1192년 7월, 고노에후(近衛府)의 쇼군이었던 것으로 보이는 '사키노우다이쇼'를 반납하고, 실제로 전투에 종사하는 정토군(征討軍)을 통괄하

미나모토노 요리토모의 초상(진고지神護寺 소장). 초상화의 주인공은 후세의 이시카가 다다요시라는 설이 있다.

는 '다이쇼군'이란 직을 요청하였다. 이에 대해 조정은 '세이 이(征夷)'란 칭호를 덧붙여 '세이이 다이쇼군(征夷大將軍)'에 임명하였다. 요리토모는 전국의 무사를 호령하는 자신의 지위에 어울리는 직책명으로 '다이쇼군'을 원했고 마침내 그것을 얻어냈던 것이다.

일찍이 '천하제일의 무용의 무사'로 인정받은 미나모토노 요시이에가 죽었을 때 귀족사회에서 "무위(武威)가 천하에 가득차니 실로 이것은 다이쇼군으로 충분한 자다"라고 평했다. 또한 요시이에를 가리켜 '무사의 장자(長者)'라고 했던 것도 고려하면, 선조 요리요시와 요시이에의 정통한 후계자로 자임하는 요리토모로서는 전국의 군사적 통솔자로서의 '무위'에 어울리는 칭호로 '다이쇼군'을 바란 것이 자연스런 일이었다.

또한 당시 무사들 사이에 '세이토 쇼군(征東將軍)'이나 '진주후 쇼군(鎭守府將軍)' 등에서 유래하는 '쇼군(將軍)'의 호칭이 권위가 있었던 만큼 그것을 뛰어넘는 권위로서 요리토모가 '다이쇼군'을 희망했을 것으로도 추측된다. '다이쇼군'은 동국의 무사 사회에서 최고의 권위로 받아들여졌다.

'세이이 다이쇼군'은 이후 조정으로부터 무사정권의 수장에게 주어지는 관직으로 정착되었다. 하지만 이 칭호가 처음부터 무가(武家)의 동량(棟梁)이나 막부의 주군을 의미했던 것은 아니다. 본래 동국 무사들에게 무가의 동량, 막부의 주군을 가리키는 칭호는 '가마쿠라도노'였다.

한편 '막부'라는 용어도 중국에서 유래한 말로, 원래의 의미는 출진 중인 장군의 막영(幕營)이었다. 일본에서는 고노에노다이쇼(近衛大將)의 중국식 명칭이었다가, 후에 우코노에노다이쇼가 된 요리토모가 세이이 다이쇼군에 임명됨으로써 세이이 다이쇼군의 별칭으로도 사용되었다. 오늘날과 같이 무사정권이 설립된 곳의 중앙기구나 정치조직을 막부라고 부르게 된 것은 18세기 에도(江戶) 시대 중기 이후의 일이다.

천황과 혼인관계 맺기 시도

교토 상경을 계기로 법황과 요리토모의 대립은 완화되어 요리토모가 법황과의 관계를 개선하는 자세를 보였다. 그에 따라 요리토모와 친근했던 구조 가네자네와의 관계가 소원해지기 시작했다. 또한 그 무렵부터 요리토모는 맏딸 오히메(大姬)를 후궁에 넣어 천황과 혼인시키려고 했다. 일찍이 다이라노 기요모리가 그러했듯이, 요리토모도 자신의 외손자가 천황의 자리에 오르는 것을 꿈꾸었던 것이다. 요리토모는 그를 위해 법황의 측근인 미나모토노 미치치카(源通親)와 단고노 쓰보네(丹後局)에게 접근하였다.

1195년 요리토모는 도다이지(東大寺) 대불전 재건 공양에 참석하는 것을 명목으로 아내 마사코와 딸 오히메를 데리고 교토에 재차 상경하여, 오히메를 단고노 쓰보네에 연결시켜 천황과의 혼인 공작을 추진하였다. 그러나 오히메는 1197년 병으로 죽고 말았다. 이듬해 고토바 천황이 양위하고 다메히토(爲仁: 미나모토노 미치치카의 양녀의 아들로 훗날 쓰치미카도土御門 천황)가 네 살로 즉위했기 때문에 외할아버지인 미치치카의 권세가 강해졌다. 이 즉위에 요리토모는 강하게 반대했지만 그의 주장은 무시되어버렸다.

오히메가 죽자 요리토모는 둘째 딸 산만(三幡)의 혼인을 위해 다방면으로 노력했고, 마침내 산만은 뇨고(女御: 천황의 후궁 중 최고의 지위로 뇨고에서 황후가 되는 것이 관례)의 칭호를 얻어 궁정에 들어갈 수 있는 자격을 얻었다. 그는 산만을 데리고 상경하여 조정과 막부의 관계까지도 쇄신하려는 의도를 가지고 있었다.

요리토모의 사망

그러나 요리토모의 집요한 노력에도 불구하고 그의 의도는 결국 실현을 보지 못한 채 끝나고 말았다. 요리토모는 1198년 말 갑작스레 병에 걸려 다음 해 1199년 1월 11일 출가한 후, 1월 13일 53세의 나이로 사망했다. 가마쿠라 막부가 편찬한 역사서 『아즈마카가미(吾妻鏡)』에 따르면, 요리토모는 이나게 시게나리(稲毛重成)가 부인의 명복을 빌기 위해 사가미강(相模川)에 다리를 만들었을 때 그 공양을 위해 참석하고 돌아오다 낙마했는데 그것이 사망 원인이 되었다고 한다. 그의 유해는 막부 뒤쪽 구릉에 위치한 지불당에 묻혔다. 뒤를 따르듯 산만도 그해 6월에 죽었다. 귀족의 품위와 무사의 기풍을 아울러 갖춘 인물로서 가신들을 엄격히 통제하는 독재정치를 폈던 냉철한 정치가의 황망한 말로였다.

요리토모에 대한 평가

요리토모에 대한 평가는 논자에 따라 각양각색이다. 예를 들어 에도 시대 미토번(水戸藩)에서 편찬한 『대일본사(大日本史)』에서는 다음과 같이 평가한다.

요리토모는 얼굴이 크고 키가 작다. 기풍이 온화하고 음성이 맑다(『源平盛衰記』, 『平治物語』). 침착하고 의지가 강하며 도량이 있다. 미리 정세 판단을 내리기 전에 거사하는 일이 없다. 그 때문에 전투에서 패배한 적이 없고 장병들이 경외하며 복종했다. 그러나 시기심이 많고 인정이 부족하여 골육과 공신들이 다수 살육을 당했다. 애초 요리토모의 선조가 전공을 세워 간토(關東)의 장병들이 오랫동안 겐지를 받들었다. 요리토모에

미나모토노 요리토모의 묘소. 시라하타 신사(白旗神社) 경내에 있다.

이르러 가마쿠라에 부(府)를 열고 천하를 호령하였다. 병마의
권한이 모두 그에게 돌아갔다.

『대일본사』가 요리토모를 비교적 담담하게 객관적으로
기술하고 있다면, 이와 대조적으로 아라이 하쿠세키(新井白
石)의 『독사여론(讀史余論)』은 매우 부정적이다.

요리토모가 처음 군사를 일으켰던 것은 왕을 섬기고 백성을
구하겠다는 생각 때문이 아니었다. 헤이시의 죄악이 넘쳐나고

천하의 호걸이 다투어 일어나는 때에 즈음하여 재지(才智)가 뛰어나고 민첩한 인물이 마침내 목적을 달성했던 것이다. 처음 병사를 일으킨 이후 요시나카를 토벌할 때까지 기마의 장병 한 사람이라도 서쪽으로 출진시켜 조정의 과실을 추궁하는 일은 없었다. 하늘 아래 땅이 이어지는 끝까지 어느 누가 왕신(王臣)이 아니고 어느 곳이 왕토(王土)가 아니겠는가? 요리토모가 자신이 멸망시킨 곳을 강제로 빼앗아 지배하니, 과연 누구의 신하이고 누구의 땅인가?

요리토모는 일신의 야망을 위해 거병한 것이며, 마땅히 조정의 신하로서 지켜야 할 명분을 어긴 자로 비난의 대상이 되고 있다. 또한 요시쓰네·유키이에를 주살한 것도 부당한 것이라고 단죄한다. 특히 동생 요시쓰네에 대해서는, "요리토모 자신이 조정에 두 마음이 있었기 때문에 조정에 뜻 있는 자를 꺼린 것이다. 요시쓰네가 자기 동생이라 해도 조정의 신하에 속하고 교토의 방비를 맡고 있다. 그러나 이를 왕이 있는 수도에서 습격하여 살해하려고 했다. 이것이 어찌 신하된 자의 행동인가?"라고 규탄해 마지않고 있다.

일본에서 요리토모에 대한 평가는 이처럼 같은 에도 시대라도 논자의 입장에 따라 커다란 편차가 있다. 하지만 요리토모가 일본 역사상 최초로 무사정권을 창시한 인물이라는 것은 에도 시대부터 널리 받아들여지고 있었다. 오늘날에도 그 점은 대체로 인정하고 있다. 요리토모는 과연 어떤 인물이었으며 역사적으로 어떻게 평가해야 할까? 역사의 큰 흐름을 바꿔놓았던 요리토모의 사상과 정책 그리고 그가 살았던 시대에 대해서 좀 더 깊이 있게 살펴보도록 하자.

제2장 시대 배경

한낱 유배자의 몸에 불과했던 요리토모가 12세기 말 동국 지방의 무사들을 규합하여 교토의 헤이시 정권을 무너뜨리고 전국의 군사경찰권을 장악하는 무사정권을 세울 수 있었던 배경은 무엇일까? 무엇보다 지방 무사들이 중앙정부에 대한 반란에 참여했던 이유는 무엇일까? 가마쿠라 막부라는 무사정권의 성립이 어떻게 가능했던 것일까?

이 의문들에 답하기 위해서는 요리토모가 살았던 시대에 대해서 이해할 필요가 있다.

무사의 등장

먼저 무사가 등장하는 시기에 눈을 돌려보자.

헤이안 시대(平安時代, 794~1185)의 일본은 귀족 정치의 전성기를 맞이하고 있었다. '헤이안'이란 오늘날 교토의 옛 지명이다. 794년 왕실이 이곳에 천도한 이후 4세기 동안 헤이안 시대가 이어졌다. 특권계급인 공가(公家: 천황·조정의 관인 官人인 귀족집단)는 장원(莊園: 중앙귀족이나 사원·신사가 지배하는 대규모 사유지)과 공령(公領: 장원 이외의 토지로 고쿠시가 지배하는 고쿠가령國衙領)이라는 영지(領地)를 지배하고 전국에서 모이는 연공(年貢)을 독점하였으며, 연공을 교토에 운반하는 비용마저 농민과 호족에게 부담시키고 있었다. 그 때문에 각지의 농민과 호족은 토지를 개간해도 자신들의 배타적 영지로 만들 수 없었다.

이윽고 불만이 쌓인 유력 농민과 지방호족은 장원·공령의 지배권을 획득하려고 각지에서 분쟁을 일으켰다. 그러자 그것을 진압하기 위해 수도에서 군사·경찰 업무를 담당하던 하급귀족들이 파견되어 그대로 현지에 토착하는 자들이 나타났다. 이들 대다수는 무장을 하고 무예를 몸에 익히고 있었기 때문에 '군사귀족(軍事貴族)'이라고도 한다. 바로 이들이 무사의 시조다.

지방의 유력 농민들은 공가에 대항하여 자신들의 토지를

보호받으려고 이러한 군사귀족들의 휘하에 들어갔다. 이들은 무력을 사용하는 쟁란을 통해 주종관계를 쌓아갔다. 이리하여 점차 무사단(武士團)이 형성되어간다.

무사 가문

10세기 이후 군사귀족과 그 후손들은 지방 관아인 고쿠가(國衙)를 중심으로 각지에 토착하였다. 그 대표적인 존재가 간무(桓武) 천황의 증손 다카모치 왕(高望王)을 시조로 하는 간무 헤이시(桓武平氏)와 후지와라노 히데사토(藤原秀鄕)를 시조로 하는 히데사토류(秀鄕流) 후지와라씨, 그리고 세이와(淸和) 천황의 손자 쓰네모토(經基)를 시조로 하는 세이와 겐지(淸和源氏)였다.

다카모치 왕은 '다이라(平)' 성(姓)을 하사받고 9세기 말에 가즈사노스케(上総介: 上総國의 차관급)에 임명되어 현지에 내려가 그대로 토착했으며, 이후 그의 자손은 동국 지방의 무사로서 번영하였다. 다카모치의 자식대가 되면 가즈사국은 물론, 히타치(常陸)·시모사(下総)에서 사가미(相模)에까지 세력이 미쳤다. 이들은 각국 고쿠가의 상급 관리가 되어 토착한 왕족으로서 세력을 확대했다. 그 일족인 다이라노 마사카도(平將門)가 939년에 반란을 일으켜 고쿠시를 추방하고 간토 지방의 독립을 꾀하는 사건이 발생하기도 했다. 조정의 명을 받아 이 난을 진압한 다이라노 사다모리(平貞盛)는 같은 다카모치 왕의 자손이다. 사다모리는 그 후 본거지를 이세(伊勢)로 옮겨 수도를 활동 거점으로 했기 때문에 동국을 벗어나지만 그 일족은 동국 각지에 퍼졌다. 사다모리의 아들 고레히라(維衡) 이래 이세를 근거지로 한 가문이 이세 헤이시(伊勢平氏)다.

후지와라노 히데사토는 부조(父祖) 이래 시모쓰케국에 토착한 무사로 다이라노 마사카도의 난을 진압한 공으로 무명(武名)을 올린 인물이다. 히데사토는 다이라노 사다모리와 마찬가지로 수도에서 활약의 장을 찾았지만 그 아들이 정변에 휩쓸려 몰락하였고, 이후 히데사토의 자손들은 동국 무사로서 사는 길을 선택하였다.

간무 헤이시와 히데사토류 후지와라씨보다 약간 뒤늦게 동국에 세력을 뻗친 것이 세이와 겐지, 특히 가와치 겐지(河內源氏)였다. 쓰네모토는 961년에 '미나모토(源)' 성을 하사받았지만, 세이와 겐지의 발전은 그 아들 미쓰나카(滿仲)부터 시작되었다. 미쓰나카는 셋쓰국(摂津國) 고쿠시에 임명된 이후 셋쓰에 본거를 두고 세이와 겐지 발전의 토대를 마련하였다. 미쓰나카의 3남 요리노부(賴信)는 1030년 가즈사·시모사(下総)를 기반으로 한 다이라노 다다쓰네(平忠常)의 난을 진압하고 동국 진출의 발판을 닦았다. 요리노부에 이어 요리요시(賴義)·요시이에(義家) 3대가 가와치국에 거주하면서 가와치 겐지라고 칭하였다.

초기 무사의 모습

무사라는 용어 자체는 무관(武官)·무인(武人)의 총칭으로 8세기 나라(奈良) 시대에도 보이지만, 그것이 하나의 사회적 신분으로 특정한 의미를 갖게 된 것은 10세기 이후였다. 그 초기의 형태가 사료상에는 '쓰와모노(兵)'로 나타난다. 『곤자쿠모노가타리슈(今昔物語集)』에 "스자쿠원(朱雀院) 때 동국에 다이라노 마사카도라는 쓰와모노가 있었다. (중략) 마사카도는 히타치·시모사에 살면서 궁전(弓箭)으로 몸을 장식하고 많은 맹렬한 쓰와모노들을 모아 전투를 업으로 삼았다"고 기술하고 있듯이, '쓰와모노'란 '전투를 업으로 삼는 자'였다. 『쇼몬키(將門記)』에 "일생에 한 가지 업으로 맹렬함을 으뜸으로 여기며 매년 매월 전투를 일삼으니 학업을 달갑게 여기지 않고 다만 무예를 아끼는 무리"라고 하듯이, 쓰와모노는 무예를 가지고 싸우는 것을 직능으로 한 전투의 프로라고 할 만한 존재였다. 요컨대 무사란 무예를 고유한 직능으로 가진 사회적 존재였던 것이다.

성립기 무사 세력이 역사의 무대에 처음 등장한 사건이 10세기 다이라노 마사카도의 난(939~940)과 후지와라노 스미토모(藤原純友)의 난(939~941)이었다. 거의 같은 시기에 동국과 서국에서 발생한 두 개의 반란은 고쿠가의 관리로서 지방 지배를 담당했던 무사가 일족의 내분이나 은상(恩賞)에 대한 불만 때문에 고쿠가에 반항했고, 그것이 확대되어 국가에 대한 대규모 반란으로 발전한 것이었다.

중앙 정부는 동일한 무사 세력을 동원하여 난을 진압했고, 공을 세운 무사들은 이후 수도 교토에 올라 궁정의 경비나 상급 귀족의 호위를 담당하게 되었다. 이렇듯 무사는 애초 직업적 전사로서 상급 귀족을 호위하는 '사무라이(侍)'로 등용된 존재였다. 무사란 본래 '무예를 가지고 지배계급에 봉사하는 직능인 혹은 직능단체'였던 것이다.

유력 농민과 호족의 저항을 탄압하기 위한 군사귀족의 파견과 그 토착, 무력 전문가로서의 무사의 중앙 정계로의 등용이라는 상황이 전개되는 한편, 현지에 부임한 고쿠시(이를 즈료受領라고 한다)는 무장 세력으로 성장하고 있던 현지의 토호들을 고쿠가의 군사력으로 조직하여 갔다. 즈료들은 체제에 저항하는 무장집단을 힘으로 억압할 뿐만 아니라, 때로는 고쿠가 기구 내의 지위를 부여함으로써 그들을 회유하고 지배체제에 편입하는 수단을 취했다. 이리하여 10세기 이후 고쿠가의 주도하에 일국 안의 '무용이 뛰어난 자'를 중심으로 하는 '국(國)의 쓰와모노'들이 형성되어 고쿠시의 직속군과 함께 고쿠가의 군제(軍制)에 편성되어갔다. 이와 같이 중앙과 지방을 불문하고 치안 유지를 위하여 무력이 요청되는 가운데, 전문적인 무용집단인 '쓰와모노의 가문'이 형성되고 국가의 공권력 아래 자리매김되었던 것이다.

지방영주로서 성장

국가와 사회의 요청에 따라 중앙과 지방에서 형성된 무사 세력은 10세기 후반에서 11세기에 걸쳐 각지에서 진행된 토지의 개발을 계기로 새로운 성장의 기회를 얻게 된다. 토착 즈료와 그 일족은 이 시기를 맞아 토지 개발에 적극 나서 많은 영지를 지배하는 유력한 '개발영주(開發領主)'로 변모하였다. 다른 말로 '재지영주(在地領主)'라고도 하는 지방영주로서의 면모를 갖추었던 것이다.

토착 즈료의 자손은 이후 대규모 토지 개발에 의한 영지의 경영을 전개하고 지방의 토호와 혼인관계를 맺으면서 세력을 키워나갔다. 여기에 토호 등 지방 유력자들도 토지를 개발하여 점차 지방영주로 성장하였다. 바야흐로 무사는 직업적 전사이면서 토지를 개발·경영하는 지방영주라는 양면의 얼굴을 갖게 된 것이다.

이들은 또한 군사(郡司)·향사(鄕司)라는 지방관으로 진출하거나, 재청관인이라 불리는 고쿠가의 관리가 되기도 하고,

이어서 장원의 관리자인 장관(莊官)에 임명되기도 하였다. 이러한 지방영주의 성장에 따라 각지에 크고 작은 무사단이 형성되었고, 특히 11세기 중엽 대대적인 개간을 계기로 동국에서는 대규모 지방무사단이 출현하기에 이르렀다. 이윽고 이들 무사단을 광역적으로 통솔하는 수장이 나타나게 된다. 무가의 동량으로 활약하는 간무 헤이시와 세이와 겐지가 바로 그것이다.

동국의 특성

여기에서 중세의 동국이란 어떤 지역이었는지 간단히 살펴보도록 한다. 동국이라고 할 경우, 넓게는 도카이도(東海道)·도잔도(東山道)·호쿠리쿠도(北陸道) 지역, 즉 현재의 시가현 동쪽 지역을 가리키지만, 이하에서는 주로 현재의 간토 지방을 중심으로 한 지역을 염두에 둔다.

고대 이래 동국은 수도의 사람들이 군사적으로 의지하는 지역이었다. 동북지방의 원주민 에조(蝦夷)와의 전쟁 병참기지였을 뿐만 아니라, 규슈 북부 방위에 동원된 사키모리(防人)[1]에도 다수가 기용되었다. 더욱이 말을 타고 활 쏘는 기병(弓射騎兵)이 무력의 중심이 되었던 헤이안 시대 이후에는 목장이 많이 분포하고 양질의 말을 산출하는 동국에서는 강력한 '쓰와모노'들의 활약이 알려지게 된다.

다른 한편, 동국은 치안이 나쁜 지역으로도 비춰지고 있었다. 도카이도나 도잔도를 기마로 자유롭게 왕래하면서 교토로 운반되는 연공이나 관물(官物: 공령에서 납부하는 세금) 등을 약탈하는 무리의 활동이 그 대표다. 쓰와모노는 고쿠시의 지배에 저항했고, 쓰와모노 사이에도 세력 다툼을 전개하고 있었다. 이러한 움직임은 동국 이외의 각지에서도 공통적으로 보이는 현상이지만, 10세기 전반 다이라노 마사카도의 난의 발발에 보이듯이, 동국에서는 특히 그 규모가 컸다.

조정도 마사카도의 난 무렵부터 무력이 뛰어난 자를 고쿠시로 임명하여 동국의 통제강화를 시도하는 등 대책을 강구하였다. 그러나 이들도 임기 종료 후에는 토착화하고 세력 확대를 노려 주위의 쓰와모노와 경합하거나 신임 고쿠시의 지배에 저항하는 등 사정은 그다지 달라지지 않았다. 이러한 쓰와모노의 자손이 동국 무사단을 형성하게 되었던 것이다. 이들 동국 무사들은 혈연관계나 인척관계 등을 이용한 합종연횡을 반복하고 세력 경합을 계속하였다. 요리토모의 아버지 요시토모가 동국에 내려왔던 것은 이처럼 여러 무사단이 옥신각신하고 있던 때였다.

겐지와 동국 무사

훗날 요리토모가 동국의 무사를 규합하여 이곳에 무사정

권을 세웠다는 점에서 동국 지방과 요리토모의 선조의 관계를 자세히 살펴볼 필요가 있다.

가와치 겐지의 시조인 요리노부는 1030년 다이라노 다다쓰네의 난 평정의 명을 받고 동국에 내려가 다음 해 다다쓰네를 진압하여 무공을 올렸다. 이 공적에 의해 가와지 겐지는 동국 무사를 조직하는 기회를 잡았다. 나아가 이들 동국 무사와의 주종관계를 보다 강고한 것으로 만든 것은 요리노부의 적자 요리요시 및 그 아들 요리이에의 시대에 일어난 전란이었다. 그 전란이란 11세기 후반 동북을 무대로 한 '전구년(前九年)의 역(役)(1051~1062)'과 '후삼년(後三年)의 역(役)(1083~1087)'이다. 이것은 전사 집단으로 무사단의 출현에 하나의 획을 그은 사건이었다.

요리요시는 1051년 무쓰국(陸奧國)의 고쿠시 현지에 부임했는데, 당시 무쓰는 아베 요리토키(安部賴時)가 세력을 떨쳐 대대로 고쿠시에 반항하고 있었다. 요리요시와 요리이에 부자는 함께 요리토키 일족의 진압에 힘써 1062년 마침내 아베씨를 토벌하고 난을 평정하였다. 그리고 요시이에는 1086년부터 1087년에 걸친 후삼년의 전투에서 기요하라씨(淸原氏) 일족 간의 내홍을 수습하기 위해 병력을 동원하여 무쓰·데와(出羽)를 무대로 무용의 영예를 떨쳤다. 요시이에는 사실상 혼자의 힘으로 이 난을 진압했고, 후삼년의 전투는 겐지의 모든 사적 무력으로 행해진 것이었다. 더욱이 요시이에가 무사들의 은상을 조정에 주청했지만 받아들여지지 않자 자신의 사재로 은상을 지급했는데, 이것은 동국 무사들의 요시이에에 대한 신뢰를 한층 높여주게 되었다.

이로써 가와치 겐지는 무용의 가문으로서 지위를 확립하는 동시에, 당시 가장 무력이 뛰어났던 동국의 무사들을 그 배하에 규합할 수 있었다. 전구년·후삼년의 전투를 통해 형성된 '에조 정벌' 기억은 겐지의 종자(종신)인 게닌(家人) 확대에 크게 기여하였다. 겐지의 동량과 종군했던 무사들 사이에는 주종(主從)의 의식이 형성되었다. 11세기경 무사의 가문으로 가장 높은 평가를 받았던 것은 세이와 겐지였다고 할 수 있다.

그러나 요시이에의 전성기에 일족의 내분, 요시이에의 적자 요시치카(義親)의 반란죄 등으로 말미암아 겐지는 점차 쇠퇴의 길로 접어들었다. 겐지의 적류는 요시이에의 4남 요시타다(義忠)가 이어받았지만, 그가 살해당한 후에는 요시치카의 아들 다메요시(爲義)가 적류가 되었다.

다메요시의 시대가 되면 중앙에서의 겐지의 위세는 사라졌고, 다른 한편 지방 무사도 성장하면서 종래 동국 무사에 대한 주종적 지배에 위기가 찾아왔다. 따라서 지배의 재강화를 위해서는 현지에 내려가 본거지에서 토지 지배를 실현하고 실력에 의해 주종적 관계를 유지하지 않으면 안 되었다. 다메요시는 일생 대부분을 교토를 중심으로 보냈지만, 겐지의 위기에 직면하여 다메요시의 아들 요시토모는 사가미국에 내려가 가마쿠라의 저택에 거주하였다. 요시토모는 장남 요시히라와 차남 도모나가가 태어날 무렵 가마쿠라를 중심으로 활동하고 있었다.

요시토모는 오바노 미쿠리야(大庭御厨)나 소마노 미쿠리야(相馬御厨)를 둘러싼 분쟁에 개입하여 그 주변의 무사단과 주종관계를 맺어갔다. 요시토모는 서로 싸우는 무사단의 위에 서서 그들을 하나로 통합하는 방식으로 동국에 세력을 넓혀갔다. 이러한 방식으로 광역의 무사단을 조직한 점에서 요시토모의 획기적인 역할이 있었다. 그 성과의 일단은 호겐의 난에서 나타났다. 요시토모는 이 전란에 사가미·아와(安房)·가즈사·시모사·무사시(武蔵)·고즈케·시모쓰케(下野)·히타치의 무사들을 동원하였다. 요시토모에 의한 동국 무사단의 조직화가 착실하게 진행되고 있었던 것을 알 수 있다.

다만 요시토모와 동국 무사의 주종관계를 과대하게 평가할 수는 없다. 사가미의 무사 하타노 요시미치(波多野義通)는 요시토모와 인척관계도 맺고 있고 호겐의 난에도 종군했다. 하지만 교토에서 요시토모의 정치적 지위가 높아가고 있던 시기에 요시토모와 불화를 빚고 교토를 떠나 사가미의 본거지로 귀향했다. 요시토모와 동국 무사의 주종관계는 종자 측에 거류의 자유가 인정되는 비교적 느슨한 형태였던 것이다.

헤이시의 대두

요시이에의 사망 후 겐지의 세력이 크게 후퇴하는 사이에 대조적으로 세력을 신장했던 것이 간무 헤이시의 후예인 다이라노 마사모리(平正盛)·다다모리(忠盛) 부자였다. 마사모리는 다이라노 마사카도를 토벌했던 다이라노 사다모리의 아들 고레히라의 증손에 해당하는 인물이다. 마사모리는 1086년 원정(院政)을 처음 열었던 시라카와(白河) 상황에 접근하여 요시치카의 토벌에 공을 세웠고, 다다모리는 도바(鳥羽) 원정 아래에서 경제적·정치적 세력을 확대해갔다. 원정과 결탁한 헤이시의 중앙 정계에서의 위세는 겐지를 훨씬 능가하게 되었다.

하지만 겐지가 세력을 실추했다고는 해도 오랫동안 쌓아온 지방 무사 특히 동국 무사와의 사적인 주종관계는 여전히 유지되었고, 동국에서 겐지의 지배력은 전체적으로 강고한 것이었다. 헤이시는 주로 기나이(畿內) 근국(近國)에서 서국을 기반으로 세력을 늘리며 서국의 무사를 조직하여갔다. 겐지와 헤이시를 중심으로 하는 무사가 실력을 발휘했던 것이 호겐의 난(1156)과 헤이지의 난(1159)이다.

호겐·헤이지의 난

당시의 귀족들은 이미 무사의 무력에 상당히 의지를 하고 있었지만, 또한 무력을 자신들의 정쟁의 도구로 자유롭게 구사할 수 있다는 생각을 하고 있었다. 크게 성장한 무사의 동량에 대해서도 섭관가(攝關家)[2]는 예부터의 사적인 주종관계를 유지하고 옛날 그대로 '사무라이'로 의식하고 있었다. 실제로 미나모토노 다메요시 등은 여전히 후지와라노 다다자네(藤原忠實)·요리나가(賴長)에 신종(臣從)하고 있었다. 스토쿠 상황과 결탁한 요리나가는 이와 같이 사적인 주종관계 아래 거느리고 있는 무사들의 힘으로 정적을 타도하려고 했던 것이다.

호겐의 난은 고시라카와 천황 측의 승리로 끝나고 정쟁의 해결을 위해서 무력이 얼마나 중요한 역할을 하는지 증명되었다. 이 난 이후 천황 편에서 활약했던 다이라노 기요모리와 겐지로서 단지 혼자 천황 편에 붙었던 미나모토노 요시토모가 무사를 대표하는 2대 세력이 되었다.

호겐의 난에 이어 일어난 헤이지의 난은 자각적 세력으로 성장한 무가의 동량인 다이라노 기요모리와 미나모토노 요시토모 사이의 주도권 다툼이 거꾸로 조정의 분열을 초래한 사건이었다. 그 결과 고시라카와 상황 아래 헤이시가 대거 대두하게 되었다. 이 난에서 승리를 거둔 기요모리는 이후 교토에서 압도적 지위를 차지하고 헤이시 일족의 눈부신 영달을 이루었다. 패배한 요시토모는 동국으로 도망가는 도중 살해되었고, 이즈에 유배당한 그의 어린 아들 요리토모를 제외하고 겐지 적류는 단절되었다.

한편, 헤이지의 난의 결과를 아는 동국 무사단의 다수는 생명의 안전과 영지 지배 권익의 보전을 위하여 종래 겐지와의 관계를 제쳐두고 헤이시와 주종관계를 맺었다. 그러나 그것은 정세가 변화하기만 하면 현실적인 이익을 감안하는 동국 무사의 다수가 쉽게 '전통적'인 겐지 측 무사로 회귀할 가능성이 높은 것도 의미했다. 헤이안 시대 말기의 내란 상황에서 마침내 그것은 현실화하게 된다.

헤이시 정권의 성립

11세기 말 이래 원정기(院政期)가 되고 나서 승병의 강소(强訴)3 대책, 교토의 치안 유지, 세토 내해(瀬戸內海)의 해적 퇴치 등으로 큰 힘을 발휘하여 궁정 사회 속에서 대두하기 시작한 무사단은 호겐의 난과 헤이지의 난이라는 조정 내부의 분쟁을 결말지워 그 힘을 생생하게 보였고 국정상의 지위 또한 비약적으로 상승시켰다. 섭정 구조 가네자네의 동생이자 천태좌주였던 지엔은 호겐의 난 이후 '무사의 세상'이 되었다고 평하고 있다. 종래 섭관가를 비롯한 상층 귀족의

'사무라이'에 불과했던 무사 세력은 중앙 정계의 대립을 무력으로 결말지음으로써 자신의 힘과 역할을 자각하기에 이르렀다.

헤이지의 난의 승리자 다이라노 기요모리는 이제 귀족의 사무라이가 아니라 오히려 귀족을 압도하는 정치적 지위에 올랐다. 기요모리는 1160년 정3위 산기(參議)에 임명되어 무사로서는 최초로 공경의 대열에 올랐으며, 나아가 사다이진(左大臣)·우다이진(右大臣)을 넘어 1167년 종1위 다조다이진(太政大臣)으로 승진함으로써 최상위 귀족의 지위를 확보하기에 이르렀다. 그의 나이 50세 때였다. 적자인 시게모리(重盛)를 비롯하여 일족 다수도 조정의 고위고관을 차지하여 공경이 무려 16명에 달하였다. 또한 많은 장원과 지행국(知行國)4을 손에 넣어 일족이나 게닌을 장원영주·장관이나 고쿠시에 임명하였다. 교토 로쿠하라(六波羅)에 거점을 두어 로쿠하라 정권이라고도 불리는 헤이시 정권의 성립은 약 2세기 반에 걸친 무사의 성장 과정의 일단의 도달이었다고 할 수 있다.

전투를 본업으로 하는 직업적 전사, 지방의 반란을 진압하기 위해 중앙에서 지방에 파견된 군사귀족, 수도에 올라와 무력으로 상층 귀족을 호위하는 사무라이. 이것이 10세기 성립기 무사의 모습이었다. 그 후 지방에 토착하여 무사가 지방영주로 성장하고 무사단을 결성하며 이윽고 중앙 정계의 분쟁을 무력으로 결말짓는다. 자신의 힘을 자각한 무사 세력은 이제 귀족의 사무라이라는 지위에서 벗어나 자신의 정권을 만드는 단계에까지 이르렀던 것이다.

헤이시 정권의 성격

헤이지의 난 후 기요모리는 거대한 장원영주가 되었고, 각지의 무사 세력을 규합하는 동시에 이전의 겐지 측 무사들도 산하에 두며 급격하게 세력을 신장해나갔다. 전국의 군사경찰권은 헤이시의 기요모리가 장악하였다.

헤이시는 '이세 헤이시'라고 불리듯이 원래 이세·이가(伊賀) 지방을 본거지로 하고 있었는데, 마사모리 시대에 시라카와 법황의 유력한 근신이 됨으로써 원(院)의 세력권인 서국 지방의 고쿠시를 지내고 수차례 서해 해적을 토벌하여 서국 지방에 그 기반을 쌓아갔다. 지역적으로 본다면 헤이시의 경제적·군사적 기반은 기나이 근국 및 서국에 있었다. 헤이지의 난에서 승리함으로써 그 세력 범위는 전국적으로 확대되었던 것이다.

헤이시는 본래 궁정과의 관계가 깊었는데, 기요모리도 일찍부터 황실에 접근을 꾀하였다. 기요모리의 처 도키코(時子)의 여동생 시게코(滋子)가 고시라카와 상황의 후궁에 들어가 그 소생이 다카쿠라(高倉) 천황이 되었다. 기요모리는 황실의 외척인 후지와라씨의 예에 따라 천황의 외척이 되려고 자신의 딸 도쿠코(德子)를 고시라카와원의 양녀로 삼고 다카쿠라 천황의 중궁이 되게 하였다.

그리고 도쿠코 소생의 황자가 즉위하여 안토쿠(安德) 천황이 됨에 따라 마침내 그는 바라던 천황의 외조부의 지위를 얻었다. 또한 기요모리의 딸 여러 명이 후지와라 섭관가를 비롯한 궁정 상층귀족과 혼인을 맺었다. 헤이시 일족의 영화는 과거 섭관정치의 전성기인 후지와라노 미치나가(藤原道長)의 시대에 비견될 정도였다.

헤이시는 고시라카와 법황에 신종하는 형태를 취하면서도 헤이시 일족에 의한 정치운영을 실현하였다. 무사가 국정을 장악했다는 의미에서는 기요모리가 수립한 정권이 최초의 무사정권이라고 할 수 있을 것이다.

그러나 헤이시의 정치는 기본적으로는 종래 조정의 기구를 그대로 이용하여 행하는 것이었고, 무가 독자의 통치·지배기구를 만든 것은 아니었다. 당시의 정치체제는 고시라카와 원정과 기요모리의 정권의 미묘한 균형 아래 공존하는 체제였다. 그런 의미에서 기요모리는 어디까지나 공가 정권의 '내부로부터의 개혁자'였다.

헤이시 정권의 한계

헤이시가 무력을 갖고 있던 것은 정권 실현의 주된 요인이었지만, 그것이 주로 서국을 기반으로 하고 있던 것은 헤이시 정권의 하나의 한계였다. 기나이(畿內) 근국을 비롯한 서국에서는 지방영주인 무사가 비교적 일찍 개개의 독립성을 높이고, 직접 중앙의 귀족과 장원관계를 통해 결부되는 경향이 강했다. 그곳에는 소규모 무사단이 많이 생겨나면서 이것을 크게 조직할 힘이 존재하지 않았다. 그러한 서국을 기반으로 한 헤이시 정권은 무사단 조직에서 불안정한 요소를 갖지 않을 수 없었다.

헤이시 정권은 무력을 배경으로 하는 군사적 독재정권이었다. 헤이시가 조정의 요직을 독점하고 수많은 장원과 지행국을 지배할수록 교토 귀족들의 반감은 커질 수밖에 없었다. 헤이시가 이것에 대항하여 정권을 계속 장악하기 위한 당연한 결과로 기요모리의 정치는 무단적이고 독재적인 경향을 띠지 않을 수 없었다.

또한 헤이시는 권력 확립을 위해 군사적 독재의 확대를 지향하였다. 헤이시는 자신의 게닌들을 지토(地頭)에 임명했는데, 이것은 헤이시가 지방 무사를 조직하고 통제하기 위한 노력의 한 표현이었다. 이 지토 임명은 가마쿠라 막부의 지토제 또는 고케닌제의 맹아적 형태라고 할 수 있다. 다만 헤이시의 지토 임명은 완전히 사적인 것이었고, 장원영주나 고쿠시의 특별한 배려로 행해진 점에서 가마쿠라 막부의 지토제와 본질적인 차이가 있었다. 또한 지토 임명의 형태를 제도로 확립하기 위해 중앙에 지방권력 집중을 위한 독자 기구를 갖지 못했던 점에 헤이시 정권의 커다란 한계가 있었다. 군사적 독재를 하면서도 지방 무사를 강력하게 조직·통제할 수 없었던 것이다.

반(反) 헤이시 세력의 대두

너무나도 급속한 기요모리 일족의 대두는 오랫동안 무사를 자신에게 종속하는 존재로서 내려보고 있던 섭관가를 비롯한 전통적인 귀족들의 반감을 사기에 충분한 것이었다. 이러한 귀족사회의 분위기는 결국 헤이시 타도를 획책하는 움직임으로 발전했다.

기요모리가 독재적 권력을 휘두르기 시작한 무렵 고시라카와 법황을 중심으로 하는 원정 세력도 또한 전제화하기 시작했다. 다카쿠라 천황의 즉위에 의해 황위를 중심으로 하는 세력이 헤이시 일족에게 흡수되자, 고시라카와 법황은 궁정 내부의 실권을 장악하려고 시도했다. 따라서 법황과 기요모리 두 개의 전제적 권력이 날카롭게 대립하였고, 원의 근신들은 헤이시의 전권(專權)을 배제하고 원의 전제체제를 확

립하려고 획책하였다. 이에 1177년 6월 고시라카와 법황과 근신들이 헤이시 타도를 위한 모의를 하였으나 그것이 발각되어 음모는 수포로 돌아갔다(시시가타니鹿ヶ谷 사건).

기요모리의 쿠데타

헤이시는 원의 근신이라는 입장을 이용하여 세력을 늘려왔지만, 음모 사건이 발각되면서 이제 원과의 대립관계가 명확해졌다. 1179년 11월, 마침내 기요모리는 수천 기의 군병을 이끌고 후쿠하라(福原: 고베시)의 별장에서 상경하여 쿠데타를 감행하기에 이르렀다. 헤이시 반대 세력들을 일제히 관직에서 몰아내고, 고시라카와 법황을 유폐했으며, 법황과 전관백(前關白)의 영지를 자기 지배하에 넣었다. 헤이시는 반헤이시 세력과의 타협을 완전히 단념하고 극단적인 무단적 독재를 노골적으로 드러냈다. 헤이시 정권이란 넓게는 헤이지의 난 이후를 가리키지만, 좁은 의미로는 1179년 쿠데타 이후 헤이시의 전제정치를 가리킨다. 헤이시의 지행국이 30개를 넘었다는 것도 이러한 비상상황을 반증한다.

모치히토 왕의 거병

법황이 유폐되고 원정이 폐지되는 사건에 뒤이어, 급기야 기요모리의 딸 도쿠코가 낳은 아들 안토쿠가 1180년 2월 천황에 즉위하여 헤이시가 천황의 외척의 지위까지 얻게 되자 명실공히 헤이시 일족의 독재체제가 성립하였다. 이에 반발한 고시라카와의 둘째 아들 모치히토 왕은 셋쓰 겐지(攝津源氏) 미나모토노 요리마사와 결탁하여 1180년 4월, 헤이시 타도의 거병을 하고 겐지를 비롯한 전국의 무사들과 대사원에게 거병의 호응을 명하는 영지를 발포하였다. 전례 없는 독재정치는 조정·공가의 반발을 샀고, 고후쿠지(興福寺)·엔랴쿠지(延曆寺)·온조지(園城寺) 등의 유력 사원도 헤이시에 반대하였다.

이 영지는 온조지·엔랴쿠지의 승병들의 발안에 따른 것으로, 이것을 미나모토노 다메요시의 아들 유키이에가 여러 지역에 전했다고 알려진다. 각지의 지방 무사가 귀족화한 헤이시에게서 떨어지고 또한 반 헤이시의 움직임조차 보이고 있던 시기였기 때문에 이들의 힘을 결집하여 일거에 헤이시를 타도할 수 있는 조건은 갖추어지고 있었다고 할 수 있다. 거병은 모치히토 왕과 요리마사가 토벌되어 실패로 끝났지만, 이 영지는 동국 등 여러 곳에 전해져 반 헤이시 세력에 명분을 주게 되었다. 동국의 이즈에 유배되어 있던 미나모토노 요리토모가 20년의 자복(雌伏)을 거쳐 불현듯 역사의 무대에 등장하는 계기는 이렇게 주어졌다.

모치히토 왕의 영지는 여러 지방 무사들의 반 헤이시 움직임을 초래하였다. 요리토모의 거병은 당초 그러한 반란의 움직임의 하나에 불과했다. 동국에서는 요리토모 이외에도 가이국(甲斐國)의 가이 겐지(甲斐源氏)인 다케다 노부요시(武田信義)가 거병했고, 시나노국(信濃國)에서도 기소 요리나카(木曽義仲)가 반 헤이시의 기치를 올렸다. 서국에서도 오미 겐지(近江源氏)인 야마모토 요시쓰네(山本義経), 이요(伊予)의 고노씨(河野氏), 규슈는 히고(肥後)의 기쿠치씨(菊池氏) 등이 잇달아 거병하였다. 사원세력 중에서도 특히 야마토(大和)의 고후쿠지 승병은 헤이시에 격렬히 대항하였다. 모치히토 왕의 영지를 계기로 내란은 요원의 불길과 같이 전국으로 퍼졌다.

동국 무사의 동향

헤이시를 비롯한 교토의 사람들은 각지의 겐지 다수가 모치히토 왕에게 호응할 것으로 예측하였다. 헤이시는 겐지의 전통적인 기반인 동국, 특히 겐지의 적류인 요리토모의 동향에 촉각을 세웠다. 신변에 위기가 닥친 것을 감지한 요리토모가 거병을 단행했을 당시 그의 병력은 호조 도키마사·도히 사네히라 등 300기에 불과하였다. 반면 기요모리의 지령을 받고 내려온 오바 가게치카 등 헤이시 측 무사는 3,000기에 달했다. 진압군 측에는 오바씨를 비롯하여, 호겐·헤이지의 난에서 미나모토노 요시토모를 따랐던 동국 무사가 다수 포함되어 있었다.

거병 당초 요리토모를 따랐던 것은 이즈와 사가미의 일부 무사들뿐이었다. 요리토모는 선조 대대로 겐지를 따랐던 무사들의 참가를 호소했으나 일찍이 맺었던 주종관계는 당시 무사들의 행동을 구속할 만한 것은 아니었다. 거병에 호응했던 미우라씨의 경우도 인접한 오바씨와 세력을 다투는 관계에 있었고, 헤이시의 게닌으로 활약하고 있던 가게치카에 대항하기 위해 요리토모에 접근했던 것이 실상이었다.

이시바시산 전투의 패배 후 요리토모의 재기를 결정지은 것은 보소 반도의 가즈사 히로쓰네와 지바 쓰네타네의 귀순이었다. 지바·가즈사씨는 모두 요시토모의 게닌이었지만, 이들이 요리토모에 귀순한 것도 일족 내의 대립이나 헤이시 게닌과의 영지 지배권 분쟁이 주된 이유였다. 그들이 "겐지의 재흥에 감격하여 눈물이 그치지 않는다"고 말한 것은 요리토모의 거병에 응하기로 했기 때문에 과거 겐지와의 주종관계를 언급했을 뿐이었다. 대규모 무사단인 지바·가즈사씨를 합류시킨 후에 요리토모는 파죽지세로 적대하는 무사단을 섬멸하였고, 금세 5만 기로 팽창한 요리토모 군은 1180년 10월 가마쿠라에 들어가 이곳을 거점으로 정하였다.

이에 기요모리는 사망한 적자 시게모리의 아들 고레모리

를 총대장으로 하는 토벌군을 보냈다. 그러나 동국 무사의 맹렬함을 두려워했던 헤이시 군은 후지강 전투에서 어이없이 도망치는 실태를 보이고 말았다. 요리토모는 궤주하는 고레모리 군을 쫓아 교토로 진공할 것을 명했다. 하지만 미우라·지바·가즈사씨는 주군 요리토모에게 상경을 미루고, 같은 겐지로서 요리토모와 적대하던 히타치의 사타케씨 진압을 간언하였다. 결국 요리토모도 간언을 받아들였는데, 지바·가즈사씨 등의 의도는 오랜 라이벌이었던 사타케씨를 제거하는 데 있었다. 이 사례는 동국에서 영지 지배권의 강화를 꾀하려는 동국 무사의 입장을 잘 보여준다.

요리토모는 가마쿠라에 돌아오는 길에 사가미국에서 호조 도키마사 이하 간토 지방의 무사들에게 새로운 토지를 지급하고, 또한 그들의 본래 영지 지배를 보장하였다.[5] 고쿠시나 장원의 최상위 지배자인 혼조(本所)의 권한을 요리토모가 스스로 행사한 것을 보여주고 있다. 고쿠시나 혼조라는 시스템 자체를 부정한 것은 아니다. 하지만 무사정권의 수장으로서 배하의 무사를 조직하고 그 영지의 급여와 보장을 행할 것을 선언했던 것이다.

요리토모는 자신을 따르는 무사들에 의한 적군 영지의 몰수를 인정하고, 이들에게 은상으로 그 영지를 급여하는 획기적인 조치를 단행하였다. 요리토모 자신이 모반인으로 출발했기 때문에 종래의 국가에 의한 영지몰수 시스템에 전혀 구속을 받지 않고, 자신의 이름으로 적군 몰수지의 급여를 추진할 수 있었던 것이다. 이러한 조치는 내란기의 전쟁 상황 속에서 광범위하게 전개되었고, 동국의 무사 대부분이 요리토모 아래에 집결하여 주종관계를 맺어갔다.

1180년 12월에는 가마쿠라에 저택을 조영하고 요리토모 배하의 동국 고케닌 311명의 무사들이 요리토모를 주군으로 받들 것을 맹세하였다. 그때까지 조정과 헤이시의 지배하에 신음하고 있던 동국 무사가 요리토모와 주종관계를 맺음으로써 자신들의 정권을 만들어냈던 것이다. 여기서 요리토모는 '가마쿠라의 주군'으로 추대되었다. 이것이 바로 무사정권 즉 막부의 수장이며, 당시의 용어로는 '가마쿠라도노(鎌倉殿)'다. 이때부터 요리토모는 협력을 구하는 자세로 임해왔던 동국 무사에 대해서, 스스로 주군으로서 지위를 주장하고 그들을 게닌(고케닌)으로 대하는 방향으로 전환하였다.

그 후 요리토모는 본거지 가마쿠라에서 움직이지 않고, 동생 노리요리와 요시쓰네로 하여금 동국 무사를 이끌고 서쪽으로 공격하게 하였다. 1185년 3월, 단노우라 전투에서 헤이시가 멸망하기까지 요리토모가 직접 선두에 서는 일은 없었지만, 이 대규모 내란에서 승리할 수 있었던 것은 그의 지휘 아래 동국의 무사들이 결집하고 강고한 주종관계를 맺고 있었기 때문이다. 그리고 그것을 가능하게 했던 근본적인 이유는 동국 무사들의 기대를 요리토모가 수용한 데 있었다.

중앙에서의 권력투쟁의 여파로 전국적으로 확대된 일련의 내란의 본질은 조정과 결탁하여 전국을 지배하고 있던 헤이시에 대하여 지방 무사들이 일으킨 '반란'이었다. 특히 동국은 기나이에 비하여 토지도 빈약하고 농업기술도 뒤떨어진 지역이었다. 말이나 철의 산지로 교토의 공가 사회에서 중시되었지만 그것은 착취의 대상이었을 뿐이었다. 장원영주와 고쿠시 그리고 고쿠시의 대리자로서 부임한 헤이시 측 모쿠다이에게 동국의 지방영주들은 억압받았다. 그러한 상황 속에서 공가, 나아가 그와 결과적으로 일체화한 헤이시 정권에 대해서 동국 무사의 불만이 높아져 마침내 '겐지의 귀종'인 요리토모를 맹주로 받들며 내란으로 발전했다.

동국 무사에게 요리토모는 토지의 소유권을 처음으로 지켜준 존재였다. 지방영주인 무사들에게 영지의 보증은 가장 절실한 요구였고, 그를 위해 요리토모를 동량으로 받들었다. 이 밖에도 전국 각지에서 반 헤이시를 내건 거병이 있었지만, 요리토모처럼 무사들의 토지 소유를 확실하게 보장한 것은 아니었다. 또 지배기구로 가마쿠라와 같은 거점을 두고 독자적인 무사정권을 추진한 것은 요리토모가 유일했다.

제3장 요리토모의 사상

'무위(武威)'의 자각

동국국가로서의 막부

요리토모에게는 특별한 저작도 없고 그의 정치사상을 전면적으로 검토할 수 있는 사료는 없다. 다만 그의 언행이나 정책을 통해서 자신의 정치적 지위나 역할에 대한 자각, 통치의 이념, 천황과 왕조에 대한 태도, 국가에 대한 사상, 정치적 성향 등을 추적해볼 수 있다.

1180년 4월, 요리토모는 모치히토 왕의 헤이시 토벌 명령을 기치로 내걸며 동국 무사들을 규합해갔다. 동국의 고쿠가를 습격, 탈취하는 요리토모의 군사는 헤이시 정권 내지 국가체제에 대한 반란군 그 자체였다. 요리토모가 자신을 따르는 무사들에 의한 적군 영지의 탈취를 인정하고, 자신의 이름으로 그 몰수 영지를 지급한 것이 단적인 예다. 요리토모는 거병 직후 반란자로서 사실상 동국의 독립국가를 이끌고 있었다.

공가(公家) 정권하의 막부

그러나 이윽고 요리토모는 왕조와의 관계 개선을 도모하였다. 요리토모는 1181년 고시라카와원에게 은밀히 상주를 올려, 조정에 대한 충성을 맹세하고 겐지와 헤이시가 각각 동국과 서국을 관장할 것을 제안하였다. 또한 기소 요시나카가 교토에 입경한 후 원(院)과의 사이가 소원해지자, 1183년 10월에는 원과 결탁하여 동국 장원의 지배권을 보장하는 대신에 동국의 고쿠가 지휘권을 인정받았다. 이로써 요리토모는 반란자의 입장에서 벗어나 조정으로부터 동국 지배의 합법적인 권한을 획득하였다. 동국은 독립국가에서 공가 정권하의 가마쿠라 막부로 새롭게 자리매김되었다.

전국적인 군사정권으로서의 막부

1185년 헤이시의 멸망 후에는 요시쓰네와의 대립 속에서 요리토모는 요시쓰네·유키이에의 토벌을 이유로 고시라카와원을 압박하여 이른바 슈고·지토의 설치 칙허를 획득하였다. 요리토모는 자신의 고케닌을 각국의 슈고·지토에 임명함으로써 전국의 군사경찰권을 장악할 수 있었다. 가마쿠라 막부는 슈고·지토제를 통하여 전국적인 군사정권으로의 초석을 마련하였다. 거병 직후 반란자로서 동국의 독립국가를 이끌었던 요리토모는 이제 조정 아래에서 무력으로 제국(諸國)을 수호하는 군사 권문(軍事權門)의 지위를 얻게 되었다. 즉, 겐지(요리토모)라는 권문에게는 그 게닌(고케닌)을 통솔하여 제국(일본국)의 수호라는 국가적 기능을 수행하는 역할이 주어졌던 것이다.

'무위'의 창출

이와 같은 막부의 공적 지위는 본래 조정의 의사에 의한 것이 아니라, 어디까지나 가마쿠라 막부의 군사력, 즉 요리토모 아래에 결집된 동국 무사의 무력을 조정에서 추인한 결과였다. 동국을 본거지로 한 가마쿠라 막부는 군사력에 힘입어 교토 조정으로부터 슈고·지토 설치의 칙허, 즉 국가 수호의 권한을 이끌어냄으로써 무사정권의 위광, 즉 '무위(武威)'의 기반을 확실하게 마련했다. 요리토모는 1185년 11월 슈고·지토 설치에 임하여 '천하초창(天下草創)'이라는 커다란 결의와 자부심을 드러내고 있었다. 이것은 조정을 부정하는 것이 아니라, 요리토모 자신이 유일한 무력 보지자로서 왕조를 받든다는 의식의 표현이었다.

무사정권 막부의 '무위'는 국가에서 독립되거나 국가에 반하는 것으로써가 아니라 국가체제상 제국 수호권자인 권사 권문으로서의 그것이었다. 막부의 수장 요리토모는 그 사실을 자각하면서 국가의 군사·경찰 부문을 담당해갔다. 이 것은 1182년 2월, 요리토모가 국가의 종묘인 이세 신궁(伊勢神宮)에 올린 기원문에서 "무예에 종사하여 국가를 지키고 위관(衛官)에 있으면서 조위(朝威: 조정의 위광)를 빛낸다"고 서약한 말에 단적으로 나타나 있다.

'무위'의 확립

가마쿠라 막부는 본질적으로는 동국의 무사를 중심으로 조직된 군사정권이면서, 국가체제상 조정 아래에서 제국 수호를 담당하는 군사 권문이었다. 이러한 막부의 '무위'를 가리켜 요리토모의 측근 가지와라 가게토키(梶原景時)는 '간토의 무위'라고 부르고 있다. 막부의 창립자 요리토모는 군사정권이자 군사 권문으로서의 막부의 '무위'를 확립, 현양하기 위해 여러 가지 노력을 기울였다.

요리토모의 압박에 못 이겨 요시쓰네의 목을 보내온 오슈 후지와라씨에 대해 대대적인 토벌을 전개했던 1189년 오슈 정벌 사건이야말로 그 대표적인 예다.『아즈마카가미』에 '군사 28만 4,000기'에 달했다고 기술될 정도로 일본 역사상 전례 없는 대동원이었고, 또한 요리토모 자신이 가마쿠라를 나와 몸소 원정에 올랐던 유일한 사건이기도 하였다. 동원 대상은 규슈 남부나 아키국(安芸國) 등을 포함한 전국의 무사였는데, 특히 고케닌의 불참에 대해서는 매우 혹독한 제재가 가해졌다.

일본 전국의 모든 지방영주를 가마쿠라도노의 지휘통제 아래 둔다는 원칙을 일본의 전 국토 구석구석까지 관철하려고 했다. 요리토모는 또한 일찍이 선조 요리요시가 활약했던 '전구년의 역'을 연출하여 무사들에게 추체험(追體驗)시킴으로써 가마쿠라도노의 권위를 심으려는 의도도 있었다. 이와 같이 요리토모는 오슈 정벌을 통하여 군사 권문으로서의 막부의 무위(구체적으로는 가마쿠라도노 요리토모의 권위)를 일본 전국의 무사들에게 인식시키려 했던 것이다.

조정의 고시라카와원은 요시쓰네가 살해된 이상 오슈 정벌이 필요 없다는 태도를 취했고, 따라서 요리토모가 요청한 추토의 선지를 내리지 않았다. 그럼에도 요리토모는 "군진(軍陣)에서는 천자의 명령을 듣지 않으며, 또한 종자(從者: 오슈 후지와라)의 처벌에 천황의 허가는 불필요하다"는 명분으로 정벌을 감행하였다. 천황의 명에 의해 모반인을 추토한 다는 원칙이 무너졌을 때 주종제에 입각한 막부의 무사정권 으로서의 본질을 드러내는 논리가 불거져 나왔던 것이다. 이 것은 조정으로부터 상대적으로 독립한 군사정권으로서 막 부에 부합하는 논리였다. 이러한 논리에 따라 강행된 정벌은 요리토모 자신이 편성한 군사력의 위력을 세상 사람들에게 각인시키는 효과가 컸다. 오슈 정벌은 전국의 지방영주, 즉 무사층에 대하여 군사 권문(내실은 상대적으로 독립한 군사정권) 막부의 '무위'를 확립시킨 사건이었다.

'무위'의 인정

오슈 후지와라씨를 멸망시키고 전 국토에 걸친 군사정권 으로서 실질을 갖춘 요리토모는 이듬해 1190년 마침내 교토 에 상경하였다. 이때 요리토모는 위풍당당한 군사정권의 수 장으로서의 모습을 교토 사람에게 의식적으로 연출하였다. 위엄 있고 신중한 행동을 통하여 요리토모는 무가의 수장으 로서 위광을 보이고, 고시라카와원을 비롯한 교토 사람들의 평판에 올랐다. 그는 교토의 귀족, 동국의 무사를 불문하고 위엄에 찬 존재로 인정받았다. 당시 그는 우코노에노다이쇼 (右近衛大將)에 임명된 직후 바로 사임했는데, 이것은 무력을 가지고 국가(천황)를 수호하는 군사 권문으로 새삼 인정받은 것을 뜻한다.

1192년 7월, 요리토모는 고시라카와원의 사망 후 '다이쇼군(大將軍)'이란 칭호를 조정에 요청하였다. 조정은 이에 응하여 '세이이(征夷)'란 칭호를 덧붙여 '세이이 다이쇼군'에 임명하였다. 요리토모는 전국의 무사를 호령하는 자신의 지위에 어울리는 직책명으로 '다이쇼군'을 원했고, 결국 막부는 군사정권의 무위에 가장 잘 부합하는 지위와 칭호를 획득했던 것이다.

무예의 진작

요리토모는 군사정권의 수장답게 고케닌 무사들에게 무예를 장려하고 동국 무사의 기풍을 진작하는 데 힘썼다. 그는 자주 무사들의 궁마(弓馬)의 무예를 참관하였고, 궁사의 기술이 빼어난 전사를 특별히 상찬함으로써 무예를 진작시켰다. 또한 무예 양식의 통일을 기하여 궁마의 능력이 뛰어난 자들을 불러모아 사예(射藝)의 기술을 논의하도록 했다. 그의 무예에 관한 열띤 관심은 무사 가문에서 출가한 사이교(西行)라는 승려에게 거듭 요청하여 가문에 전래되어온 병법을 필록하도록 한 것에서도 잘 드러난다.

동국 무사의 수장으로서 요리토모는 궁사의 전투기술 향상에 적극적이었기 때문에 남달리 수렵에도 힘을 기울였다.

그 자신이 뛰어난 사냥꾼이기도 했지만, 요리토모의 시대는 일본의 수렵사상 일찍이 없던 대규모 수렵이 개최되었다. 수렵은 평시 무사의 능력을 펼치는 화려한 무대이고 또한 전투기술의 훈련 그 자체였다. 오슈 정벌에 동원된 동국 무사들이 "용사는 전장에 임하여 무위를 펼치는 것을 제일로 여긴다"는 기풍을 가지고 "무위를 펼쳐 신명(身命)을 던진 것"도 이 같은 요리토모의 무예 진작과 무관하지 않을 것이다.

무예의 현양

요리토모는 동국 무사의 전사로서의 기풍을 진작시키면서 그것을 외부에 대해 현시하는 일도 잊지 않았다. 그는 가마쿠라를 방문한 교토의 인사들에게 고카사가케(小笠懸)1를 보여주면서 "이것이 사풍(土風)이다. 이것이 아니고 다른 볼 만한 것은 없다"고 동국 무사의 기풍의 고양을 은근히 과시하기도 하였다.

또한 교토 상경 때 스미요시샤(住吉社)에서 펼칠 야부사메(流鏑馬)2를 준비하면서, "교토 및 주변 기나이 사람들이 만약 보게 된다면 필시 이것을 가지고 동국 사수(射手)의 근본이라고 여길 것이다. 그러므로 훗날의 비난이 없도록 미리 평의하고 취사선택하여 올바른 체(體)를 젊은 무사들에게 배우도록 하라"고 지시하였다. 다분히 교토를 의식하고 동국의 진정한 사풍을 현양하려는 의도가 엿보인다.

가마쿠라 막부 성립의 역사적 의의

이상 살펴본 바와 같이 막부의 창립자 요리토모는 막부가 군사정권으로서 갖추어야 할 '무위'에 대한 자각과 자부심을 갖고 있고, 막부의 '무위'를 조정과 전국의 무사에게 인식시켜 국가 속에서 정당하게 자리매김하였다. 동국 무사들의 무예 진작에 힘쓴 것도 막부의 무위를 확립·현양하기 위한 노력의 일환이었다.

동국에 기반을 둔 막부의 무위가 왕조국가에서 독립되거나 반체제적인 것이 아니라, 어디까지나 국가체제 속에서 공권력의 무위로 정착했다는 한계는 있었다. 하지만 이러한 시대적인 제약이 있었다고 해도, 요리토모는 일본 역사상 최초로 무사정권의 '무위'를 창출했다고 할 수 있다. 가마쿠라 막부성립의 최대의 역사적 의의는 여기에서 찾을 수 있을 것이다.

가마쿠라 막부 초기에는 조정의 위광이란 의미의 '조위(朝威)' '왕위(王威)', 신불의 위광이란 의미의 '신위(神威)' '법위(法威)'의 용어가 여러 곳에서 발견되는 한편, 무사집단의 군사적 위광·위세란 의미의 '무위', 또는 이와 유사한 의미로 '요리토모의 위(威)' '간토의 무위'라는 표현이 보인다. 가마쿠라 중기에는 "간토의 위세를 빛낸다"는 용례도 나타났다. 그리고 말기에 이르면 "조위는 무위를 가지고 안전하다" "근래 신감(神鑑)이 합응(合應)하고 무위가 진세(鎭世)하니 이로써 군(君)이 안녕하고 민(民)이 안전하며 천명(天命)이 자정(自正)하다"는 말과 같이, 가마쿠라 막부 자체를 가리켜 '무위'라고 일컫는 사례가 많이 눈에 띄게 된다. 무사를 조직기반으로 하는 가마쿠라 막부의 성립은 일본 중세의 국가에서 '조위'·'신위'와 병립하는 '무위'의 등장을 의미했다.

'무민(撫民)'의 이념

역사상 최초로 본격적인 무사정권을 수립한 요리토모는 조정(천황) 아래에서 무력을 가지고 제국(일본국)을 수호하는 군사 권문으로서 막부를 자리매김하였다. 이로써 공가 및 사원·신사(寺社) 권문과 함께 무가 권문이 지배집단의 일원으로서 국가기능을 분담하고 국정에 관여하는 체제가 성립하였다. 요리토모가 왕조국가의 수호자로서 역할을 수행하는 한편, 치자 내지 위정자의 일원으로 국정에 참여할 수 있는 길이 열린 것이다.

백성에 대한 위무(慰撫)

요리토모는 1184년 2월, 조정에 '덕정(德政)'을 요구하면서 전란으로 인해 떠돌이가 된 동국과 북국(北國: 北陸道) 두 지역의 토민들을 "옛 향리에 돌려보내 안두하게 해야 할 것"을 상주하였다. 1186년 3월에는 병량미의 미납분을 면제하여 토민을 안도하게 할 것, 또한 작년 이전의 미납분을 면제하여 궁민(窮民)을 안도하게 할 것을 조정에 요청하였다. 같은 해 6월, 요리토모는 국력이 피폐하고 인민이 농사를 지을 수 없는 것에 대해 '연민'을 느낀 나머지 사가미국의 주요 백성에게 미곡을 1인당 1두를 지급하도록 했다.

1189년 11월, 요리토모가 오슈의 정복자·지배자로서 내린 명령은 궁민의 구제와 백성·토민의 안도에 대한 그의 각별한 주의를 잘 보여준다. 즉, 전국적인 흉작과 오슈 정벌 전쟁으로 인해 민호(民戶)가 안도하기 어려우므로 히라이즈미 주변은 특별한 비책을 강구하여 궁민을 구제해야 하며, 그를 위해 산보쿠(山北) 방면과 아키타군(秋田郡)에서 각각 농료와 종자를 해당 지역들에 보내도록 명하였다. 다만 적설로 인해 내년 3월 중에 시행할 것을 토민들에게 미리 알려 근심을 덜게 하는 등 세심한 배려를 기울이고 있다.

이러한 요리토모의 태도는, 오슈의 군향(郡鄕)·장원에 임명된 지토들에게 "국군(國郡)의 비용을 소모하고 토민을 번

거롭게 해서는 안 된다"고 강조한 것에서도 확인된다. 요리토모는 오슈 정벌을 위해 가마쿠라를 출발한 이후 매일 세 차례 식사·음주·목욕을 거르지 않았는데, "(이 지역) 서민의 비용이 들지 않도록" 하기 위해서 고즈케·시모쓰케 두 지방의 연공을 운송하여 충당케 하였다. 『아즈마카가미』는 이것에 대해서 "사람들이 모두 흠앙하였다"고 상찬하고 있다.

선정·무민(撫民)사상

이상과 같이 막부의 창립자 요리토모가 덕정=선정(善政)·무민의 정치이념을 가지고 있던 것은 명백하다. 요리토모는 1185년 9월, 지난해 7월의 대지진으로 인해 한편에서는 기도를 하고 한편에서는 덕정을 천하에 두루 펼칠 것을 조정에 상주하였다.

특히 재앙을 물리치는[禳災] 제일의 방책은 선정이고, 선정의 핵심이 바로 궁민(窮民)의 구제와 토민의 안도와 같은 '무민'이었다. 1186년 6월, 농민들에게 구휼미를 지급했던 것도 실은 그 한 달 전 쓰루가오카궁(鶴岡宮)에 황첩(黃蝶)이 날아드는 괴이한 현상을 없애기 위한 '선정' 실시의 일환이었고, 궁민의 구제야말로 '재앙을 물리치는 상책'이었다. 이처럼 '재앙을 물리치기' 위해 요구되는 선정, 그 핵심 사항인 무민은 요리토모의 통치이념 가운데 하나라고 할 수 있다.

왕조의 천명(天命)사상

하지만 그것은 요리토모가 가진 고유한 사상은 아니었다. 유교적 덕치사상·선정이념에 따르면, 군주는 하늘의 뜻에 따라 덕정을 행해야 하며 군주가 부덕하거나 실정을 하면 지진·가뭄·혜성의 출현과 같은 천재지변이 발생한다고 한다. 그 경우 군주는 재앙을 물리치기 위해 덕정을 펴고 하늘에 기도하는 것이 요구된다. 이와 같은 논리의 밑바탕에는 '군주는 하늘에 뜻에 따라 천하만민을 위해 선정(덕정)을 실시해야 한다'는 천명사상이 깔려 있다. 왕조의 전통적 통치이념이야말로 이 천명사상에 입각한 선정·무민을 근간으로 한다.

그것은 "백성의 근심을 구제하지 않으면 어찌 하늘의 꾸짖음을 피할 수 있겠는가? 무릇 나라는 백성을 보배로 여긴다"라는 말에 집약되어 있다. 군주는 "만민을 자식과 같이 생각하고 무육(撫育)의 은혜를 베풀어야 한다"는 유교적 선정·무민사상은 율령국가의 성립 이래 왕조의 이상적인 통치이념으로 존속되어왔다. 그리고 이러한 이념에 따라 조정은 덕정의 일환으로 개원(改元)과 대사면을 하거나, 일반 백성의 조(調)·용(庸) 미납분을 면제하거나, 고령자들에게 미곡을 하사하고 환과고독(鰥寡孤獨: 의지할 데 없는 사람)과 장애인들에게 물자를 지급하는 조치를 취하곤 했다.

왕조의 통치이념 수용

이렇게 본다면, 요리토모의 선정·무민사상은 왕조의 통치이념을 수용한 것임을 알 수 있다. 요리토모 자신이 황족의 혈통이자 중앙 군사귀족 문벌 가문인 '귀종(貴種)'이었을 뿐만 아니라, 막부 창립기에 요리토모의 요청으로 교토에서 가마쿠라에 내려온 오에씨(大江氏)·미요시씨(三善氏) 등 귀족 관료들이 막부의 지배이념을 형성하는 데 주요한 역할을 했던 사실을 고려하면 당연한 일이었다. 요리토모의 사망 후 그의 선정·무민사상은 막부의 실권을 장악한 싯켄(執權) 호조씨(北條氏)에 의해 계승되어 가마쿠라 막부를 지탱하는 지배이념의 하나로 자리 잡게 되었다.

요리토모는 무사정권으로서 갖추어야 할 막부의 '무위'를 국가 속에서 정착시켰지만, 사실 '무위'만으로 무사정권의 정당성이나 막부 존립의 이념적 기반이 충족되는 것은 아니었다. 여기에서 동아시아의 보편적 통치이념이라고 할 유교적 덕치·선정사상, 그 핵심인 '무민'의 이념을 적극 채택·수용할 필요가 있었다. '무위'의 정권에서 꼭 필요한 자기정당화의 논리가 바로 '무민'의 지배 이데올로기였다고 할 수 있다. 요리토모 이래 '무위'와 '무민'은 가마쿠라 막부가 내걸었던 두 개의 핵심 지배이념이었다.

요리토모의 천황관

중세의 천황제

요리토모가 무사정권 막부를 수립한 이후에도 왕조국가인 교토의 조정은 건재하였다. 12세기 말 이후 1333년 막부의 멸망에 이르기까지 가마쿠라 시대에는 교토의 공가(귀족) 정권과 가마쿠라의 무가(무사) 정권이라는 두 개의 정치권력이 존재했다.

고대 천황제의 전통을 계승하는 조정은 11세기 후반 이래 현실의 위정자로서의 상황과, 그 정치권력의 원천으로서의 천황을 정점으로 한 공가 정권으로 존속했다. 왕조로서의 조정의 지배 정통성과 권위의 원천은 천황에게 있지만, 천황의 후견인 상황(천황의 직계존속, 천황가의 가장家長), 즉 원(院)이 '치천(治天)의 군(君)'으로 정치를 관장하는 원정(院政)의 정치형태를 취하고 있었다. 이것이 중세 천황제의 기본적인 형태였다.

이하에서는 천황 개인에 대한 인식과 관념만이 아니라, 천황을 대신하여 원정을 행하는 상황(출가한 경우 법황)도 포함하는 넓은 의미로 요리토모의 천황관을 살펴보겠다. 실제 당시 사료에는 천황과 상황을 구분하지 않고 모두 '군(君)', 즉 군주로 지칭하는 경우가 많다. 또한 가마쿠라 시대에는 일반적으로 천황·상황에 대해서 '국왕' 또는 '국주(國主)'라는 칭호가 혼용되고 있었다.

천황 존숭의 태도

1182년 2월 요리토모는 종묘 이세 신궁에 다음과 같은 기원문을 올렸다.

요리토모의 원조(遠祖)를 살펴보면, 진무(神武) 천황이 처음 일본국 도요아시하라(豊葦原) 미즈호(水穂)에 기초를 닦고 그 56대 세이와(淸和) 천황의 세 번째 손자부터 무예에 종사하여 국가를 수호하고 위관(衛官)에 있으면서 조위(朝威)를 빛냈다. 그 이후 모반심을 가진 흉도(凶徒)를 정벌한 훈공에 의해 과분한 은택을 받았으며, 무용(武勇)이 세상에 알려져 일본국이 태평해지고 절도가 잘 갖추어져 300여 년에 미쳤다.

무가의 동량인 요리토모는 세이와 천황의 혈통인 세이와 겐지(그 원조인 미나모토노 쓰네모토)의 정통 후예임을 자부하면서, 무예에 종사하여 국가(조정)를 수호하는 것이 선조 대대의 역할이고 자신도 그 역할을 담당할 것을 서약하고 있다. 세이와 천황의 혈통인 쓰네모토 이래 선조 대대로 군사귀족으로서 조정을 받들어온 가문 출신임을 주장하면서, 조정에 대해 변함없는 충성을 하겠다는 의지를 표명한 것이다.

요리토모는 세이와 겐지, 그중에서도 요리노부-요리요시-요시이에로 이어지는 가와치 겐지의 적류였다. 즉, 천황가의 혈통이면서 지방 무사들을 통솔했던 중앙 군사귀족의 문벌인 이른바 '귀종(貴種)'이었던 것이다. 요리토모가 무가의 동량으로서 동국 무사들을 결집할 수 있었던 가장 중요한 요인은 바로 '귀종'으로서의 속성이었다. 이러한 출신의 요리토모가 천황 존숭의 태도를 갖는 것은 그 정치적인 의도를 차치하고라도 극히 자연스런 일이었다.

물론 당시의 정치·군사적 상황에 따라 요리토모가 조정에 접근한 측면을 간과해서는 안 된다. 요리토모는 '관병(官兵)'인 헤이시 군에 대해서만이 아니라, 여러 반란 세력 가운데 아직 패권을 확립하지 못한 군사적 교착상태 속에서 대(對)조정 공작을 전개하고 있었던 것이다. 1183년 10월, 조정으로부터 도카이도·도잔도의 행정권이라는 동국 지배의 합법적인 권한을 인정받은 것은, 존숭의 태도를 보이며 조정에 접근했던 요리토모의 노력의 일단의 결실이었다. 헤이시가 옹립한 안토쿠 천황의 즉위를 부정하고 지쇼(治承) 연호를 계속 사용해온 요리토모가, 교토의 정삭(正朔)을 받들고 주에이(壽永) 연호로 바꾼 것도 이 무렵이었다.

고시라카와원과의 대립

헤이시 멸망 이후 요시쓰네와 요리토모가 불화하게 되고, 1185년 10월 요시쓰네의 요구에 따라 고시라카와원이 요리토모 추토의 원선(院宣: 상황의 명령을 전하는 문서)을 내린 것을 계기로 조정과의 관계는 급격히 악화되었다. 요리토모는 호조 도키마사를 교토로 파견, 고시라카와원을 압박하여 묘당 숙청 등 조정의 정치 쇄신과 함께, 요시쓰네 추토를 명목으로 이른바 '슈고·지토 설치의 칙허'를 획득하였다.

요리토모는 친막부 공경인 구조 가네자네에게 서신을 보내 이 조치를 '천하의 초창이다'라 자부하면서, "요리토모는 이즈국의 유배자로서 특별한 지시도 받지 않았음에도 계략을 펼쳐 조적(=헤이시)을 토벌하려고 했다. 이것은 고시라카와원의 운세에 따른 것이며, 저의 훈공도 있어서 모두 평정하고 적을 주벌하여 세상의 정치를 군주(=고시라카와원)에게 돌려드렸다. 평소 제가 품은 뜻이 이루어지고 공사(公私) 모두 기뻐하였다"고 기술하고 있다.

요리토모 추토 명령을 내린 고시라와원에 대해 '일본 제일의 다이텐구'라고 비난하면서도 직접적인 제재는 가하지 않고, 자신의 거병이 조정의 적을 토벌하여 군주를 섬기기 위한 것이었다고 충성심을 강조하고 있는 것이 주목된다. 고시라카와원의 원선을 빌미로 조정 정치에 간섭하고 전국의 군사경찰권을 일거에 장악하려는 요리토모의 정략적 의도와는 별도로, 어디까지나 군주에 대한 충성의 태도를 견지하고 그것을 당당하게 피력하고 있는 것이다.

천하의 정도(政道)

요리토모는 고시라카와원과의 정치적 대립 국면에서 막부의 지배권을 크게 확대했지만 원의 권력 자체를 부정하지 않고, 황위로 상징되는 조정의 전통적 권위에 대해서 일관되게 공순한 태도를 유지했다.

다만 현실 정치문제에서는 위정자로서의 고시라카와원과 정치적 거래를 하며 때로는 대립하거나 압박을 가하였다. 요리토모가 공경의 의주(議奏)나 기록소(記錄所)의 설치를 상주하거나, 구조 가네자네의 나이란(內覽) 주청을 했던 것도 그것을 보여준다. 이 태도는 그가 1186년 4월 의주 공경의 한 사람인 후지와라노 가네미쓰(藤原兼光)에게 보낸 다음의 서신에 잘 나타나 있다.

천하의 정도(政道)는 공경들의 의주에 의해 깨끗하게 처리할 수 있도록 특별히 생각해서 말씀드립니다. (중략) 요리토모 자신은 무예의 가문에 태어나 군려(軍旅)의 공에 힘써왔지만, 오랫동안 먼 지방에 살아 아직 공무(公務)의 자세한 사정은 알지 못합니다. 설령 잘 알고 있다 해도 전혀 그것에 적합한 사람이 아닙니다. 어쨌든 고시라카와원에게 직접 말씀드릴 수는 없습니다. 다만 사람들의 우려를 씻기 위해 (공경들이) 일단 원에 전달한 것은, 설령 요리토모가 말씀드리는 것이라도, 사리에 맞지 않는 재허를 내려서는 안 됩니다. 어떤 일도 정도(正道)를 밟아 행해야 한다고 생각합니다. 또한 설령 칙선(勅宣: 천황의 명령을 전달하는 문서)·원선을 내리더라도 조정을 위해 세상을 위해 잘못이나 혼란의 소지가 될 만한 일은 재삼 상주해야 할 것입니다.

요리토모는 자신이 무예에 종사하는 가문의 일원으로 직접 조정의 정치에 간여하지 않겠다는 입장을 밝히고, 다만 원의 독주를 견제하기 위해 의주 공경들에게 '정도'에 입각해 상주할 것을 당부하고 있다. 설령 자신의 의견이라도 예외가 아님을 강조하면서, 천황과 원의 명령이라도 '조정을 위해 세상을 위해' 재삼 상주해야 한다고 힘주어 말하고 있는 것이다.

이러한 정도(正道) 사상은 요리토모의 변혁자로서의 의식과 행위를 보여주는 한 측면이지만, 요리토모의 조정(천황·원)에 대한 존숭과 무가로서의 자기규정이 엿보이는 것도 사실이다.

백왕의 수호

요리토모의 뿌리 깊은 천황 존숭의 태도는 그의 사상의 본질적인 부분이었다. 그는 1185년 3월, 헤이시 토벌 중의 노리요리에게 보낸 서신 속에서 신기(神器)3와 안토쿠 천황의 안부에 대해 염려하며 재삼 신신당부하고 있다. 또한 1189년 3월 천황의 거처인 다이리의 수축 공사를 명하는 원선을 받자마자 올린 청문(請文: 명령을 시행하겠다는 답신서)에는 "조정의 대사(大事)이든 원의 어소(御所)의 잡사(雜事)이든 몇 번이라도 요리토모야말로 받들 것이며 미력이 미치는 한 서둘러 하겠습니다"라고 말하고 있다.

또한 1190년 2월, 이세 신궁의 식년(式年: 정기) 수리조영의 비용을 조달하기 위한 국가적 징세에 대해 전국의 지토들이 납부하지 않는다고 지적하는 원선이 도착하자, "(이세 신궁의 조영은) 조정의 대사업인데다가 20년에 한 번 지는 부담입니다. 아무튼 태만히 해서는 안 될 것입니다. 이뿐만 아니라 조정의 명에 위배하는 자는 어떻게든 법에 따라 처리해 주십시오. 요리토모도 명령에 따라 강력히 징계하는 조치를 취하겠습니다. 군주(고시라카와원)의 명령에 위배하는 자는 요리토모의 게닌(고케닌)이라도 어찌 처벌하지 않겠습니까? 요리토모 자신도 잘못한 일을 했을 때는 처벌을 받을 것입니다. 하물며 게닌에 대해서는 말할 나위도 없습니다"라고 답신서를 올린 것에 요리토모의 조정(천황·원) 존숭의 태도가 역력히 나타나 있다.

요리토모의 조정 존숭의 태도는 1189년 오슈를 정벌하여 전국의 군사적 제패를 달성한 이듬해 1190년 11월, 교토에 상경하여 구조 가네자네에게 언급한 말에서도 엿볼 수 있다. 즉, 그는 가네자네에게 "하치만(八幡)의 탁선에 따르면 오로지 군(君)에 귀복해야 하며 백왕(百王)을 지켜야 한다고 한다. 이것은 제왕(帝王)을 가리키는 것이다. 이에 지금의 금상(今上: 고토바後鳥羽 천황)을 무엇보다 받들어야 한다. 현재 법황(고시라카와원)이 천하의 정무를 보고 계시므로 우선 법황에게 귀복해야 한다. 천자는 춘궁(春宮)과 같다. 법황이 만세를 누린 후 또한 주상(主上)에 귀복해야 한다"고 말했다.

요리토모는 하치만신(八幡神)의 백왕 수호의 탁선이 자신에게 내렸다 하고, 백왕의 왕이란 제왕, 즉 천황을 가리키지만, 천하의 정무를 보는 법황(고시라카와원)에 우선 귀복하고 법황이 사망한 후에는 천황에 귀복하겠다는 생각을 피력하고 있다.

하치만신은 이세 신궁과 함께 황실을 수호하는 종묘의 신이자 겐지의 수호신인 우지가미(氏神)이기도 하다. 요리토모 자신에게 백왕 수호의 탁선이 내린 것은 요리토모가 제왕의 수호와 보좌의 역할을 맡도록 하치만의 신의(神意)가 내린 것이라는 점을 가네자네에게 말하려 했던 것으로 보인다. 그러므로 요리토모는 자신을 가리켜 '조정의 다이쇼군[朝大將軍]'이라고 당당하게 말했던 것이다.

군사 권문으로서의 요리토모

요리토모가 전국을 군사적으로 제패한 후에도 '백왕'의 수호를 자임하고, '조정의 다이쇼군'을 자칭한 것은 천황과 조정을 존숭하는 요리토모의 태도가 결코 정치적 제스처가 아니었음을 말해준다. 그것은 세이와 겐지의 혈통으로 대대로 조정을 받들어온 중앙 군사귀족 문벌의 적류라는 '귀종'에서 비롯된 본질적인 측면이었다고 보인다. 요리토모가 1191년경부터 딸 오히메를 천황의 후궁으로 삼아 다이리에 들어가도록 획책한 것은 군사 권문으로서 자연스런 욕구였을 것이다.

요리토모의 신국사상

신국(神國)사상과 신기(神祇) 신앙

고대 이래 조정의 전통적인 국가의식은 신국사상(神國思想)이다. 신국사상이란 일본이 신명(神明)이 가호하는 나라인 동시에, 신의 자손인 천황이 지배하는 나라이며, 따라서 '신성한 나라'라고 믿거나 믿게 하는 시대사조를 가리킨다. 즉, '신명의 가호' '신손 위군(神孫爲君)' '국토의 종교적 신성시'의 세 가지 사상을 구성요소로 하는 국가지배 이데올로기다.

이러한 신국사상은 이른바 신기(神祇) 숭배와는 구별된다. 전국 각지의 토착적인 신기 신앙이 자연에 대한 경외에 바탕을 둔 소박한 주술적 종교현상인 것에 비해서, 신국사상은 역사적·정치적으로 만들어진 인위(人爲)의 이데올로기라고 할 수 있다. 농촌을 지배하고 있는 지방영주인 무사들은 농촌에 전통적으로 뿌리내린 신기 숭배, 또는 신기 신앙에서 벗어날 수 없었다. 요리토모가 동국의 무사들을 결집하여 가마쿠라 막부를 수립할 무렵 일본은 이와 같은 정신적·사상적 세계에 둘러싸여 있었다.

쓰루가오카 하치만궁

요리토모는 1180년 거병에 성공하고 가마쿠라에 본거지를 정하자 쓰루가오카 하치만궁(鶴岡八幡宮)을 새롭게 창건하고, 이것을 신사 숭배의 중심으로 삼았다. 쓰루가오카 하치만은 요리토모의 선조인 미나모토노 요리요시가 1063년 교토의 이와시미즈 하치만궁(石淸水八幡宮)의 분령(分靈)을 가마쿠라에 봉안한 것에서 유래한다. 요리토모는 요리요시

요리토모가 세운 쓰루가오카 하치만궁(鶴岡八幡宮).

가 봉안하고 그 아들 요시이에가 수리·복원했던 쓰루가오카 와카미야(鶴岡若宮)를 특히 존숭하고 그것을 세이와 겐지의 수호신인 우지가미로 확립하였다. 본래 하치만궁의 제신(祭神) 오진(應仁) 천황은 무신(武神)인 동시에, 이세 신궁과 함께 국가의 종묘신으로 전통적인 숭경의 대상이었다.

요리토모는 쓰루가오카 하치만궁 이외에 동국의 전통적인 미시마샤(三島社)·하코네곤겐(箱根権現) 등에 대해서도 깊은 신앙심을 보이고 있었지만, 요리토모의 신사 숭배 중에서 그의 국가의식과 관련하여 주목되는 것은 이세 신궁에 대한 각별한 존숭의 태도다.

이세 신궁에 대한 존숭

1181년 1월, 막부는 다이라노 기요모리의 행위를 비난하여, "조정의 정치를 경시하고 신위(神威)를 무시하고 불법(佛法)을 파멸시키고 인민을 괴롭혔다. 최근에는 이세 신궁이 진좌하는 이세국의 신삼군神三郡(와타라이군度会郡·다키군多気郡·이이노군飯野郡 등 이세 신궁의 영지)에 사자를 파견하여 병량미를 부과하고 민가를 약탈하였다. 아마테라스 오미카미(天照大神: 천황가의 조상신)가 진좌한 이래 1,100여 년 동안 아직 이러한 예는 없었다 한다"고 기술하고 있다.

그 이듬해 요리토모는 천하의 태평과 만민의 풍요를 바라는 기원문을 이세 신궁에 올렸는데, 여기에서는 이세 신궁의 내궁 및 외궁에 새로운 영지를 기진하고 별궁인 이자와궁(伊雜宮)을 수리하며 신보(神寶)를 바칠 것을 서약하였다. "위로는 천황부터 아래는 서민까지 태평안온하도록 은혜를 베푸시고, 요리토모를 따르는 자들에 이르기까지 밤낮으로 수호해주시기를" 기원하는 부분은 신명의 가호, 특히 이세 신궁에 대한 요리토모의 깊은 신앙을 보여준다.

"무예에 종사하여 국가를 지키고 위관에 있으면서 조위를 빛낸다"는 것을 자임하는 무가 권문 요리토모로서는 국가의 종묘신 이세 신궁에 대한 숭배는 당연한 것이었다고 할 수 있다. 그가 "본조는 신국이다"라고 말한 것은 이세 신궁을 필두로 한 신명의 가호를 믿는 신국사상의 증표였다. 이런 점에서 요리토모의 신국사상은 공가 권문의 신국사상과 부합하는 것이었다.

요리토모의 이세 신궁에 대한 깊은 신앙과 존숭은 1194년 2월 그가 발급한 아래의 재허장에 단적으로 드러나 있다.

무릇 본조 육십여 주(州)는 바늘을 세울 조금치의 땅이라도 이세 신궁의 영지가 아닌 곳이 없다. 특히 기요모리가 세상을 어지럽혔을 때 (요리토모는) 특별히 신궁을 깊게 믿고 기원하였는데, 기도의 정성이 감응하여 하치만 대보살에게 명하니 더할 나위 없는 몽상(夢想: 꿈속에 나타난 신불의 교시)의 계시가 있었다. 그로 말미암아 곧바로 역신을 멸망시키고 천하가 지금 평안해졌다. 신궁의 명조(冥助)가 아니라면 어찌 이러한 조적(朝敵: 조정의 적)을 멸망시킬 수 있었겠는가?

일본의 국토는 모두 이세 신궁이 지배하는 곳이며, 따라서 그 신의 뜻을 따라 정치를 행하는 자만이 천하를 평안히 할 수 있다는 주장이다.

이세 신궁은 천황가의 조상신 아마테라스 오미카미를 모시는 종묘로서, 이세 신궁이 국토를 지배한다는 것은 아마테라스 오미카미의 자손, 즉 '신손'(=천황)이 일본의 국토를 지배한다는 왕토사상의 또 다른 표현이다. 즉, '신손 위군(神孫爲君)'의 신국사상을 표출하고 있는 것이다.

지배의 정당화 논리

그런데 위에서는 이세 신궁(아마테라스 오미카미)의 뜻을 받고 있는 자로서 하치만 대보살(하치만신)을 들고, 하치만을 통해 요리토모 자신이 이세 신궁의 신의를 받아 조적을 멸하고 천하를 평안히 했다는 논리가 피력되어 있다. 이로써 요리토모의 정권은 무가의 수호신 하치만이 국가의 종묘신 이세 신궁의 '신의'에 따라 세운 것으로 정당화된다.

이세 신궁에 대한 요리토모의 숭경은 그의 출신 가문과 연결된 본질적인 것이지만, 그와 동시에 이러한 현실적인 지배의 논리가 담겨 있던 것도 주목해야 한다. 이세 신궁과 하치만궁에 대한 존숭은 요리토모의 지배를 정당화하고 국가를 수호하는 군사 권문으로서 막부를 자리매김하는 종교적 정치사상이기도 했던 것이다. 1190년 11월, 요리토모가 "백왕을 수호하라"는 하치만의 탁선이 자신에게 내린 것을 들어 제왕의 수호와 보좌의 역할을 자임한 것도 동일하게 이해할 수 있다.

신국사상의 수용과 기능

　이세 신궁에 대한 종교적 귀의는 비단 요리토모에게만 한정된 것은 아니었다. 동생 노리요리도 이세 신궁을 기원의 대상으로 하고 있었고, 요리토모의 적자이자 제2대 세이이다이쇼군에 오른 미나모토노 요리이에(源賴家)는 "특별한 숙원이 있어 대신궁의 영지 6개소의 지토직을 폐지한다"는 조치를 내리기도 하였다.

　이와 같이 요리토모를 중심으로 하는 초기 막부는 신을 경외하고 '신명의 가호'를 믿는 신국사상, 특히 이세 신궁에 대해 매우 깊은 숭배와 신앙을 갖고 있었다. 앞서 살핀 요리토모의 뿌리 깊은 천황 존숭의 태도는 이세 신궁에 진좌한 아마테라스 오미카미의 '신손'에 대한 존숭이기도 했다. 그의 이세 신궁에 대한 종교적 귀의와 '신손' 천황에 대한 절대적 존숭은 '신손 위군(神孫爲君)'의 신국사상의 솔직한 표현이었다. 동시에 이세 신궁과 하치만궁에 대한 존숭은 요리토모의 지배를 정당화하고 국가를 수호하는 군사 권문으로서 막부를 자리매김하는 종교적 지배 이데올로기로 기능하고 있었다.

　가마쿠라 막부는 동국의 무사들을 주요 기반으로 했지만, 동국의 독립국가로서가 아니라 조정(천황) 아래에서 무력으로 국가를 수호하는 군사 권문의 역할을 담당했다. 요리토모가 막부를 하나의 독립된 국가로 자각하지 않고 왕조국가인 조정을 수호하는 공권력으로 자임했기 때문에 전통적인 조정의 국가의식인 신국사상을 수용하는 것은 자연스런 현상이었다. 하지만 거기에는 요리토모 자신의 지배를 정당화하고 군사 권문으로서 막부의 존재 의의를 주장하는 정치의 논리가 개재되어 있었던 것을 간과할 수 없다.

요리토모의 정치적 성향

가마쿠라도노의 독재정치

정치사적으로 요리토모의 시대는 가마쿠라도노의 독재정치로 평가된다. 이하에서는 고케닌에 대한 요리토모의 지배 방식에 초점을 맞추어 그의 정치적 성향과 함께 그 배후의 요인을 살펴보겠다.

1180년 사타케 정벌을 마치고 가마쿠라에 귀착한 요리토모는, 우선 와다 요시모리를 사무라이도코로의 장관에 임명하였다. 사무라이도코로는 급속하게 늘어난 고케닌 무사의 통제기관이며, 요시모리는 요리토모의 군사적 성공의 최대 공로자였던 미우라씨의 일족이다. 요리토모가 간토를 중심으로 독자적인 권력을 만들려고 하는 움직임은 이 시기부터 점차 명확해졌다. 그의 당면 과제는 동국의 군사적 제압과 동시에, 그 지역의 무사들을 확고하게 통제할 수 있는 체제를 구축하는 것이었다.

동국의 겐지 일족 중에는 일찍이 반 헤이시의 기치를 내건 기소 요시나카 이외에도, 닛타씨(新田氏)·다케다씨(武田氏)의 독립적인 움직임이나 사타케씨·시다씨(志田氏) 등 반항적인 세력도 존재했다. 요리토모는 이러한 일족에 대해서도 예외 없이 주군으로서 엄연한 태도로 임하였고, 이에 불응할 경우 가차 없는 탄압을 가하였다. 요리토모가 일개 유배자의 몸에서 일어나 지방권력의 장악자로 성장하기 위해서는 주군으로서 확고한 지위를 세워야만 했다.

거병으로부터 헤이시가 멸망한 단노우라 전투에 이르는 4년여 동안 요리토모는 가마쿠라에서 움직이지 않았다. 후지강 전투의 단계는 가즈사·지바씨 등 동국에 자립하고자 하는 무사들의 요구에 따른 것이었지만, 그 후 요리토모의 지위가 강화되고 무사들이 고케닌으로 전화된 이상 요리토모는 얼마든지 교토에 오를 수 있는 위치에 있었다. 하지만 요리토모는 그 길을 선택하지 않고, 오로지 간토를 중심으로 동국에서 자신의 권력을 확립하는 데 힘을 쏟았다.

요리토모는 사무라이도코로에 이어서 1184년 10월, 재정과 일반정무를 관장하는 구몬조(公文所: 훗날 만도코로政所)와,

재판사무를 맡는 몬추조(問注所)를 설치하였다. 교토에서 내려온 실무 하급귀족인 오에 히로모토(大江広元)와 미요시 야스노부(三善康信)가 각각 장관에 임명되었다. 이들은 요리토모의 측근 관료였다. 이러한 막부의 중추기관의 정비와 동시에, 요리토모는 가마쿠라도노로서 권력을 강화해갔다. 사무라이도코로·구몬조·몬추조를 설치했지만, 그것들은 요리토모 혼자 처리할 수 없는 사무를 분담하는 요리토모의 이른바 수족이고 보조기능을 가진 데에 불과했다. 최종적인 결정권은 모두 요리토모 개인에게 집중되었다.

이제 가마쿠라도노의 승인을 얻지 않은 고케닌 무사의 자유로운 행동은 엄격하게 억제되었다. 요리토모의 대리자로서 서국에 파견된 노리요리에 대해서도, 그가 이끄는 무사들이 설령 지휘에 따르지 않더라도 마음대로 처벌하는 것을 금지시키고, 반드시 요리토모에게 보고하여 그 지시를 받도록 했다. 요리토모는 실로 독재자이고 전제군주였다. 종래 협력을 요청했던 무사들에 대해서 전제적인 주군의 지위에 섰고, 동맹자였던 일족에 대해서도 동일하게 주군으로 행동하였다.

무사의 지도자로서의 면모

요리토모는 배하 무사들에 대해서 이들의 재능과 장점을

알아 각자의 쓰임을 정확히 파악하고 있었다. 평소에 무사들 개개인을 매우 세세하게 관찰하고 있었던 그는 부하의 성격이나 특징을 간파하고 이것을 활용하는 지도자로서의 요건을 갖추고 있었다. 이를 통해 고케닌을 사신의 지휘에 따르게 했지만, 동시에 그의 승인을 얻지 않은 무사들의 자유로운 행동은 엄격하게 억제하였다. 예를 들면, 헤이시 멸망 직후 원이 무사들에게 논공행상을 하여 임관시켰을 때, 요리토모는 자신의 추천 없이 직접 조정의 관직에 임명된 고케닌들에게 격분하여 이들에게 증오에 가득 찬 언사와 함께 본국에 돌아오는 것을 금지시켰다. 요리토모는 이들 고케닌 한 사람 한 사람의 용모와 목소리까지 놀라울 정도로 자세히 숙지하고 있었다.

반면 요리토모는 주군으로서 고케닌을 애호한 일면도 있었다. 서해에 원정 중인 노리요리에게 서신을 보내, "간토에서 종군하고 있는 고케닌들을 부디 소중히 여기도록, 특히 노령에도 불구하고 원정에 참가하고 있는 지바노쓰케 쓰네타네를 위로하도록" 당부하기도 했다. 이러한 측면은 고케닌 무사들의 심복을 얻는 데 이바지했을 것이다. 그는 냉철한 독재정치가인 동시에, 충성하는 부하를 아끼는 무장으로서의 면모도 갖추고 있었다.

군사 권문과 지방 무사와의 괴리

요리토모라는 인물의 정치적 성향은 그 개인의 성격과 무관하지 않지만, 그가 놓인 시대적·정치적 상황에 의해 규정된 측면도 있다. 즉, 지방영주인 무사들과 본래 중앙 군사귀족 권문인 '귀종' 사이의 괴리 또는 모순이 그것이다.

무사들은 개발영주로서 한 지역의 지주였다. 반(半)노예나 농노적인 노동력을 이용하여 농업경영에 종사하고, 그 재력·무력을 가지고 부근의 농민에게서 갖가지 현물·노역을 징수하는 경제구조의 소유자였다. 이들은 농촌을 장악하고 있는 지방영주로서, 장원과 공령의 지배자인 장원영주와 고쿠시에게 연공·관물을 납부해야 했다.

반면에 요리토모는 자신이 개발한 토지가 하나도 없고, 단지 중앙 권문인 장원영주의 지위를 대신함으로써만 경제적 기초를 만들 수 있었다. 그것을 실현하는 길은 왕조와 관계를 가져 자신의 지위를 높이고 지방 무사들과는 구별되는 초월적인 존재가 되는 것이다. 요리토모는 헤이시를 멸망시킨 후 500여 개에 달하는 헤이시의 장원을 하사받았고, 9개 국에 미치는 지행국주의 지위를 획득했다. 그의 경제 기반은 원·공가 및 사원·신사와 본질적으로 동일하였다.

그가 왕조에 대해서 항상 공순한 태도를 유지한 반면, 고케닌 무사에 대해서는 소중히 아끼는 태도와 함께, 극히 전제군주적인 태도를 취한 이유는 이러한 양자의 내부적 모순에 기인하였다. 1183년 요리토모가 가즈사노스케 히로쓰네를 살해했던 것은 그 대표적인 사례다.

히로쓰네는 요리토모기 왕조와 가마쿠라의 협조에 부심하는 것을 비난하고, 왕조의 간섭 없이 간토 지방에서 독립해도 좋다고 말했다. 하지만 요리토모는 그러한 히로쓰네에게 모반심이 있다고 하여 살해하였다. 여기에 양자의 입장차가 명확히 드러나 있다.

요리토모가 고케닌의 자유로운 행동을 엄격히 통제했던 것은 단지 그의 정치적 성향만이 아니라, 동국 무사와의 근본적인 입장 차가 숨어 있었던 것이다. 요리토모와 동생 요시쓰네와의 불화도, 또 그 외 다수의 육친 및 고케닌에 대한 불신과 탄압도 가마쿠라도노의 이러한 전제적 권력에서 비롯된 측면이 컸다. 가마쿠라 막부는 무사의 계급적 연합에 의해 성립했다기보다, 이들로부터 초월하고 이질적인 가마쿠라도노의 전제적 권력기구로서 성립했던 것이다.

요리토모는 지방영주인 동국 무사들의 요구를 일정 부분 수용함으로써 무사정권을 수립할 수 있었지만, 정권을 유지·강화하기 위해서 가마쿠라도노로서 고케닌 무사에 대해 전제적 권력을 행사하지 않을 수 없었다. 요리토모가 1189년 오슈 정벌을 통해 전국의 군사지배권을 확립하기까

지 시종 가마쿠라를 벗어나지 않았던 배후에는 이와 같이
특수한 막부의 주종관계가 가로놓여 있었다.

제4장 가마쿠라 막부와 고려 무신정권

12세기 말 일본에서 미나모토노 요리토모가 가마쿠라에 무사정권을 창립하였을 때, 같은 무렵 고려에서는 무신정권이 등장하였다. 거의 동일한 시기에 한반도에는 무신의 정권이 들어섰고 일본열도에는 무사의 정권이 성립했다. 무신이든 무사이든 무력을 자신의 존립 근거로 한다는 점에서 무인(武人)이라고 통틀어 일컬을 수 있을 것이다.

일본과 고려에서 무인의 정권이 동시기에 등장했다는 것은 매우 흥미로운 사실이다. 물론 이후의 역사는 다른 경로를 밟은 것도 알려진 대로다. 가마쿠라 막부는 1333년 멸망했지만 그 후에도 일본의 무사정권 자체는 1868년 메이지

유신(明治維新)까지 존속했던 반면, 고려의 무신정권은 몽골의 침략과 압박 속에서 1273년 삼별초의 멸망을 끝으로 역사의 무대에서 사라졌다. 이러한 역사의 흐름을 염두에 둔다면, 일본과 고려의 무인 정권은 성립 당초부터 각기 다른 역사적 경로를 걸어갈 만한 요소를 내포하고 있었다고도 할 수 있다.

두 정권 사이에는 어떤 공통점과 차이점이 있는 것일까? 두 무인 정권을 비교함으로써 각각의 정권의 특성을 이해하는 동시에, 유사하면서도 달랐던 역사적 경로의 배경을 찾아보기로 한다.

성립과정

지방 무사의 성장과 막부의 성립

10세기 이후 일본의 왕조국가는 지방의 소요와 반란을 진압하기 위해 중앙에서 군사·경찰 업무를 맡던 군사귀족들을 지방에 파견하였다. 이들과 일족은 그 후 지방에 토착하는 한편, 수도 교토에 올라 무력으로 상층 귀족을 호위하는 사무라이 역할을 담당하였다. 이것이 일본의 초기 무사의 모습이었다.

무사는 직업적 전사 신분이면서 점차 토지를 개간하여 지방영주로 성장하였다. 이윽고 각지에 무사단이 결성되며 12세기 중엽에는 중앙 정계의 분쟁을 무력으로 해결하였다. 자신의 힘을 자각한 무사 세력은 바야흐로 귀족의 사무라이라는 지위에서 벗어나 자신들의 정권을 만드는 단계에까지 이르렀다. 역사적 통찰력을 가진 승려 지엔이 말했듯이, 호겐의 난(1156) 이후 '무사의 세상'이 되었던 것이다.

그 일단의 귀결이 교토에 들어선 헤이시 정권이었다. 헤이시는 헤이지의 난(1159)에서 경쟁자 미나모토노 요시토모를 멸망시킨 후, 자신의 군사력을 바탕으로 왕조의 실권을 장악하는 데 힘썼다. 헤이시 일족과 그를 따르는 특정 무사들의 권익을 강화하는 데 급급한 나머지 전국 각지의 무사들의 기대와 요구를 수용할 만한 독자적인 지배기구와 제도를 만들지 못하였다. 헤이시는 어디까지나 기존 왕조국가의 틀 속에서 귀족들이 누리던 지위와 특권을 빼앗았을 뿐이다. 이는 결국 왕족과 귀족 및 전통적인 사원·신사 세력의 반발을 샀고, 기요모리는 이를 억압하기 위해 법황을 유폐시키는 쿠데타까지 감행해야 했다. 이러한 상황 속에서 모치히토 왕의 헤이시 타도 명령이 전해지자, 그간 중앙정부와 헤이시 정권에 불만이 쌓였던 각지의 지방 무사들이 호응하면서 전국적인 내란으로 발전하였다.

동국에 유배되어 있던 요리토모는 세이와(가와치) 겐지 혈통의 적류라는 '귀종'이었기에 동국 무사들이 그를 무가의 동량으로 추대하기 적합하였다. 그리고 요리토모 또한 무사들에게 지방영주로서의 토지지배권을 보증·급여하는 정책을 추진하였다. 요리토모가 거병 이후 짧은 기간에 선조 이래의 연고지인 가마쿠라에 들어가 정권을 세울 수 있었던 이유다. 그 후 요리토모는 '가마쿠라도노'로서 자신을 따르는 고케닌 무사에 대해 독재정치를 행하였지만, 그가 가마쿠라 막부라는 무사정권을 수립할 수 있었던 것은 무엇보다 동국 무사를 규합할 수 있는 정책과 비전을 제시했기 때문이다.

요리토모는 헤이시를 멸망시킨 후 1185년, 요시쓰네 토벌을 기화로 교토 조정으로부터 '제국수호권(諸國守護權)'을 얻어내 자신의 고케닌들을 슈고·지토에 임명함으로써 전국의 군사경찰권을 장악하였다. 이로써 전국적인 무사정권으로서 가마쿠라 막부가 성립하였다. 1189년 요리토모는 오슈 정벌을 통해 전 국토에 미치는 군사적 지배권을 확립했지만, 무력을 가지고 국가를 수호한다는 막부의 법적 지위와 역할은 이미 획득하고 있었다.

이렇게 본다면, 가마쿠라 막부의 성립에 이르는 과정은 오랜 기간에 걸친 무사의 성장과 지방영주의 토지지배권 강화의 움직임이 요리토모라는 중앙 군사귀족 문벌인 '귀종'을 통해 실현되는 과정이었다고 할 수 있다. 하지만 요리토모는 지방 무사의 요구를 수용한 것만은 아니었다. 자신의 정권을 유지·강화하기 위해 왕조와 타협하면서 무사들의 행동을 억압하기도 했다. 또한 대대로 조정을 받들어온 세이와 겐지 혈통의 적류로서 무력으로 왕조를 지키는 군사 권문의 역할을 자임하였다. 그러나 동시에 요리토모는 교토에서 멀리 떨어진 가마쿠라에 본거지를 두고, 왕조로부터 상대적으로 독립한 동국 정권으로서 막부의 지배기반을 확보하였다. 천황 혈통의 군사귀족 문벌이면서 동국 지방에서 무사들과 젊은 시절을 보낸 요리토모는 왕조국가와 지방 무사 사이에서 교묘하게 자신의 정권을 이끌어갔다고 하겠다.

문신·무신의 갈등과 무신정권의 성립

고려왕조는 초기에 정치와 군사가 분리되지 않았고 문반(文班)과 무반(武班)의 분화는 아직 나타나지 않았다. 유교를 정치이념으로 채택한 10세기 후반 성종대 이후 양반제도가 확립되었는데, 유력 가문은 양반의 어느 쪽에 소속되어 세습의 권리와 의무를 가졌기 때문에 문반과 무반이 각각 문관직과 무관직을 세습하였다. 표면상의 차별은 없었지만 현실적으로 무신은 문신보다 정치적으로 하위에 놓였다. 문반직은 1품까지의 재상직(宰相職)이 설정되어 있는 것에 비해서, 무반직의 최상위직은 상장군(上將軍)으로 그 관품은 정3품에 불과했다.

문반과 무반 사이의 차별은 본래 가문의 사회적 지위에 따른 것이었다. 문반은 가문·문벌에서 상위에 있는 귀족 출신자가 되고, 무반은 전통적인 무반 가문 이외에도 양인이나 그 이하의 신분 출신자에서 기용되는 경우가 많았다. 신분의 격차가 문무의 우열을 가져왔던 것이다. 외적에 대한 출정군 지휘관도 문신이 장악했으며, 무신은 전장에서 적과 싸우는 실무자의 역할이 주어졌을 뿐이었다. 상장군·대장군의 합의기관인 중방(重房)도 전군을 통할하는 기관이 아니었으며, 고위 문신으로 구성되는 도당(都堂)에 비해 권한이 훨씬 미치지 못했다.

거란·여진 등 북방 이민족과의 끊임없는 항쟁이 무신들의 존재 이유를 높였지만, 문반귀족의 득세는 여전하였다. 무신을 문신의 호위병처럼 다루거나 젊은 문신이 노장군을 모욕하는 일도 벌어졌다. 마침내 1170년 무신들의 불만이 폭발하여 반란이 일어났다. 정중부(鄭仲夫)·이의방(李義方)· 이고(李高) 등의 장군이 주도하여 문신을 대량으로 살해하였다(경인의 난).

'경인의 난' 세 지도자 중 이의방이 이고를 죽이고 딸을

태자비로 삼아 권세를 휘두르자, 1174년 정중부가 그를 제거하였다. 정중부도 1179년 청년 장교 경대승(慶大升)에게 살해당했다. 경대승이 1183년에 병들어 죽자, 이번에는 지방에서 세력을 키우고 있던 이의민이 정권을 장악하였다. 이의민 정권하에서 무신들이 관직을 탈취하고 국왕 측근인 유관(儒官)마저 무신이 차지하게 되었다. 그러나 이 정권도 불안정하였고, 결국 1196년 최충헌(崔忠獻)이 집권하게 되었다. 독재자 이의민을 제거한 최충헌의 무신정권은 그 후 60년간 지속되었다. 무신정권을 제도적으로 확립한 인물은 최충헌이라고 할 수 있다.

고려에서는 이와 같이 1170년 무신의 쿠데타 이래 무신 사이의 권력투쟁에 의한 정변이 반복되어 일어났다. 정치적 동요는 신분질서의 유동화를 초래하였다. 여기에서 해방에 대한 서광을 본 공사(公私) 노비들이 봉기하였다. 이 사건은 최씨에 의해 진압되었지만, 문신을 압도하고 승리를 구가하는 최충헌의 기반을 뒤흔들 정도였다.

지방과 중앙

12세기 후반 일본과 고려는 모두 왕조의 권위가 크게 동요하여 무인이 실권을 장악하였고, 내란상황이 광범한 사회로 확산되어가는 대변동을 경험하였다. 반란 자체는 중앙의 권력투쟁에서 비롯되어 전국적인 내란으로 확산되는 공통된 양상을 보였다.

하지만 일본에서는 지방에서 영주로서 실력을 키워온 무사들이 이러한 변동의 중심에 있었던 반면, 고려의 경우는 왕조를 지탱하는 문무양반제, 즉 문신과 무신의 갈등·반목이 사태를 불러왔던 원인이다. 일본에서 무사들의 반란이 무인 정권을 탄생시켰다면, 고려에서는 최하층계급인 노비들의 반란을 무인 정권이 진압해버렸다.

일본과 달리 고려는 지방의 사회적 변화보다 중앙의 제도적 모순이 역사의 변동을 추동했던 주요 요인이었다. 이 점은 양국의 무인 정권이 성립한 이후 정권으로서 지역적 자율성을 어느 정도 확보하는지, 또 중앙의 왕조제도에 어느 정도 의존하는지를 살필 때 기본 전제가 된다.

수장의 교체

무인 정권의 성립에 이르는 과정을 좀 더 미시적으로 보면 몇 가지 유사점이 눈에 띈다. 무인의 수장들의 급격한 부침과 교체도 그 하나다. 1170년 이후 고려 무신의 지도자가 이의방·정중부·경대승·이의민, 그리고 최충헌으로 어지러울 정도로 자주 교체되었다. 이것은 일본에서 1179년에 다이라노 기요모리가 쿠데타로 실권을 장악한 이후, 1183년에 기소 요시나카, 1184년에 미나모토노 요시쓰네, 1185년에 미나모토노 요리토모, 그리고 1199년 요리토모의 사망 후 우여곡절을 거쳐 겐지의 외척 가문인 호조씨(北條氏)로 무사 세력의 리더가 뒤바뀌었던 것과 매우 유사하다.

왕위의 결정권과 골육상쟁

또한 무신들은 '경인의 난'에서 국왕 의종(毅宗)을 폐위하고 그 동생 명종(明宗)을 왕위에 앉혔으며, 나중에 의종은 이의민에게 살해당했다. 최충헌은 정권 장악 다음 해에 명종을 폐위하고 동생 신종(神宗)을 세웠으며, 1204년에 희종(熙宗), 1211년에 강종(康宗), 1213년에 고종(高宗)으로 왕을 빈번하게 교체하였다. 왕위의 결정권은 무신이 완전히 장악했던 것이다.

일본에서는 1179년 기요모리가 고시라카와 원정을 정지시키고, 다음 해 외손자 안토쿠 천황을 황위에 앉혔다. 천황이나 상황이 살해당하는 일은 없었지만 안토쿠 천황은 단노우라 전투에서 유모와 함께 목숨을 잃었다. 요리토모의 사망 후 실권을 장악한 막부의 호조씨는 1221년 고토바(後鳥羽) 상황의 막부 타도 전쟁에서 승리하자 황위에 오른 지 얼마 안 된 주쿄(仲恭) 천황을 폐위하고 고토바의 조카에 해당하는 고호리카와(後堀河) 천황을 옹립한 뒤 부친 모리사다(守

貞) 친왕에게 원정을 맡도록 했다. 황위의 최종적인 결정권은 고려 무신정권과 마찬가지로 막부가 장악했던 것이다.

무인 사이의 골육상쟁이란 점에서도 유사점이 보인다. 호겐의 난에서 고시라카와 천황 편의 미나모토노 요시토모는 아버지 다메요시와 동생 요리카타(賴賢) 등을 참수하였고, 기요모리는 숙부 다다마사(忠正)를 참수하였다. 요리토모는 요시쓰네와 불화하여 끝내 동생을 죽음으로 내몰았다.

고려에서는 최씨 정권의 수립 다음 해에 왕실과의 관계를 둘러싸고 최충헌과 동생 최충수(崔忠粹)가 대립한 끝에 형이 동생을 살해하였다.

수장의 성격—미나모토노 요리토모와 최충헌

일본과 고려의 무인 정권을 확립했던 인물은 미나모토노 요리토모(1147~1199)와 최충헌(1149~1219)이다. 동시대의 인물로 무인 정권의 수장이었던 두 사람을 비교하고 아울러 수장으로서의 지위에 대해 살펴보자.

최충헌의 가문과 권력 장악

최충헌은 고려의 전통적인 무인 가문이었다. 특히 많은

장군을 배출한 가문으로 아버지는 최상위직인 상장군이었다. 최충헌의 외할아버지도 상장군에까지 올랐다. 모계만이 아니라 최충헌의 처가 또한 무인 가문이었다. 그는 명종대 초기에 무반에 들어가 반란을 진압하는 데 공을 세웠다. 명종대 중반에 지방관으로 근무했지만, 높은 지위로 나아가는 데 한계를 느꼈다. 고려 왕조의 급속한 쇠퇴와 더불어 무신의 난 이후의 정치적 혼란이 가중되었기 때문이었다.

이의민은 최충헌과는 대조적인 인물이었다. 최충헌은 전통적인 군반(軍班) 씨족의 명문가 출신이었지만, 이의민은 아버지가 소금장수이고 어머니가 노비였기 때문에 천민 신분에 해당하였다. 그는 명종을 위협하여 왕궁 내의 지위를 차지하고 왕조의 권한을 자신의 목적에 맞춰 남용하였으며 비천한 출신자를 고위직에 앉혔다. 서열의식을 가진 최충헌에게 이의민은 당시 고려사회의 결함을 전형적으로 보여주는 존재였고 필히 제거해야 할 대상이었다.

최충헌의 권력 장악은 요리토모보다 훨씬 급속하였다. 1196년 최충헌은 소수의 추종자를 모아 신속하게 독재자를 살해하였다. 반란이 성공하자 최충헌은 명종을 만나 자신의 행동을 설명하였고 왕조의 승인을 요청해서 얻어냈다. 그에게는 왕실의 정통성을 얻는 것이 최우선이었고, 국왕의 지지와 함께 왕조의 군사력의 지원을 얻어 잠재적인 적들을 몰아낼 수 있었다. 국왕과 수도에 있는 장군들의 결정적 지지가 없었다면 그의 시도는 실패했을 것이다.

요리토모의 가문과 권력 장악

요리토모는 천황의 혈통으로 대대로 조정을 받들어온 중앙 군사귀족 문벌의 적류였다. 그의 적대자였던 다이라노 기요모리의 가문도 천황의 혈통이자 중앙 군사귀족 문벌이었다. 하지만 요리토모는 최충헌과 마찬가지로 자신의 적을 제거하기로 결심했다. 기요모리가 교토 조정을 지배하는 동안 유배되어 있던 요리토모는 거의 잊혀진 존재였다. 요리토모는 기요모리가 쿠데타를 일으켜 법황을 유폐시키는 것을 지켜봤다. 모치히토 친왕이 거병을 호소했을 때조차 그는 기다렸고, 언제 거병하는 것이 적절할지 신중히 행동했다.

요리토모는 1180년 거병 후 가마쿠라를 중심으로 동국에 자신의 지배권을 확립하고 왕조로부터의 독립이나 고립이 아니라, 왕조의 울타리 안에서 자율성을 확보하는 것이 자신의 정권을 유지하는 가장 효율적인 방법이라고 생각했다. 동국을 지배기반으로 하여 요리토모는 헤이시 정권이 멸망한 1185년까지 서서히 교토와 서국으로 지배권을 확대하였다.

통치 방식의 차이

미나모토노 요리토모와 최충헌은 많은 차이점을 보여준다. 두 사람 모두 훌륭한 전통을 가진 무인 가문 태생이었지만, 천황의 혈통인 겐지가 좀 더 고귀한 신분이었다. 또한 요리토모는 최충헌보다 더욱 많은 자율성을 확보하였다. 그의 선조가 간토 지방에 독립적인 권력 기반을 형성하였고, 이것을 바탕으로 요리토모는 서서히 자신의 지배권을 구축할 수 있었다. 그는 헤이안 말기 이래 나타난 지배체제, 즉 공가·무가·사원 등의 권문세가가 국정을 분담하는 지배체제— 공적·사적인 요소가 혼합된 이중적인 통치제도—에 의거할 수 있었다.

반면에 최충헌은 처음부터 수도의 정치를 다루지 않으면 안 되었다. 사적인 통치방식은 고려에서 제도화되지 않았다. 두 사람 모두 왕위로부터의 승인을 통해 지배의 정통성을 얻으려 했지만, 요리토모가 좀 더 자유롭게 움직였으며 단지 자신의 명분을 왕조의 통치에 연결시켰을 뿐이었다. 하지만 최충헌은 처음부터 자신의 권력을 왕조의 권위로 감쌌다.

수장으로서의 지위

요리토모와 최충헌이 무인 정권의 수장으로서 획득한 지위는 무엇이었을까? 가마쿠라 막부의 수장은 조정으로부터 임명된 관직인 '세이이 다이쇼군'이었지만, 고케닌을 지배하는 주종관계의 주체라는 면에서는 '가마쿠라도노'라고 불렀다. 세이이 다이쇼군(쇼군으로 약칭)이란 관직이 없더라도 막부의 수장인 것은 가능했다. 쇼군이 해야 할 역할은 군사·경찰기능을 장악하여 국가의 안전을 수호하는 데 있었다.

고려 무신정권은 기존 왕권의 어디에 제도적인 위치를 두고 있었을까? 그것은 '교정도감(教定都監)'이란 관청과 그 장관인 '교정별감(教定別監)'이었다. 교정도감은 1209년에 성립하여 무신정권의 중추기관이 되었다. 무인 수장의 정통성은 국왕으로부터 교정별감에 임명됨으로써 획득하였다. 최씨 정권은 국왕을 괴뢰화하면서도 교정별감의 직을 이용하여 합법적으로 권력을 행사하려고 했다.

최충헌이 1206년에 희종으로부터 '중서령 진강공(中書令 晉康公)'을 수여받은 이후 그는 중서령의 다른 칭호인 '영공(令公)'이란 명칭으로 불렸다. 영공이란 말은 교정별감과 달리 비공식적인 칭호다. 즉 왕조 관제(官制)에서 무인의 수장이 독립된 측면을 나타내고 있다. 그런 점에서 영공은 가마쿠라도노, 교정별감은 세이이 다이쇼군에 대비할 수도 있을 것이다.

그런데 도감이란 본래 특정한 목적을 위해 수시로 설치된 관청을 가리키는 용어로, 교정도감도 여러 개의 도감 중의 하나였다. 무신정권은 압도적인 실권을 행사했지만, 그 중추 기관을 도감으로밖에 제도화할 수 없었다. 이것은 무신정권의 권력기구의 미숙함을 보여준다고 할 수 있다. 왕조와 별도로 가마쿠라 막부의 지배기구가 독자적으로 설치되었던 것과 비교하면 그 사실이 명확해진다.

교정도감은 구래의 국가기관에 달라붙어 그것을 통해 인사·행정·재정 등을 장악하는 정치기관이었다. 고려에서는 도당·중방이라는 중신회의에 최씨 정권이나 그 대리인이 정규 멤버로 참가했다.

가마쿠라 막부는 간토 남부의 반란세력으로 출발하여, 내란 중인 1183년 동국을 행정적으로 지배하는 동국정권으로 공인되었다. 요리토모는 쿠데타에 의해 조정을 직접 점거했던 헤이시의 실패에서 교훈을 얻어 군사·경찰 이외의 조정의 정무에 대한 불간섭을 정치노선의 기본으로 삼았다. 막부의 수장인 가마쿠라도노는 우다이쇼(右大將)나 우다이진(右大臣)의 요직에 취임했지만, 수도에서 열리는 공경회의에 출석한 예는 없다. 막부는 왕조나 수도로부터 거리를 둔 반(半)독립적인 권력이었다.

무력 편성

고려와 일본의 무인 정권은 모두 무력을 토대로 한 정권이었다. 각각 무력을 어떤 방식으로 편성하여 권력을 확립했던 것일까?

주종관계로서의 고케닌제

요리토모가 수립한 가마쿠라 막부는 주종관계에 입각한 권력이었다. 본래 자립적인 무력의 주체였던 지방의 무사가 가마쿠라도노와 주종(主從: 주군과 종신)의 계약을 맺고 고케닌(御家人)이 되었다. 그리고 막부 내에 고케닌들을 통제하는 사무라이도코로라는 기관이 설치되었다. 가마쿠라도노의 가부장적인 예속을 받는 무사도 있었지만, 막부권력이 보유하는 무력의 핵심은 독립적인 고케닌층이었다. 이러한 막부의 주종관계가 바로 고케닌제다. 고케닌제는 가마쿠라도노에는 포섭되지 않는 광범위한 무사들을 막부 아래에 결집하는 데 유효했다.

고케닌제의 또 하나의 특징은 주종관계가 개인 간의 정의적(情誼的)인 관계에 그치지 않고, 고케닌의 영지를 가마쿠라도노가 '지토직(地頭職)'으로 보증하거나 급여하는 행위에 의해 뒷받침되었던 점이다. 막부는 고케닌을 지배하에 두는 동시에, 고케닌이 소유하는 토지까지 권력의 기반으로 편성할 수 있었다. 막부의 제도에서는 사람의 지배와 토지의 지배가 통일되어 있었던 것이다. 그런 의미에서 '지토고케닌(地頭御家人)'이란 용어가 사용되기도 한다.

도방의 사병조직

고려 무신정권의 무력은 어떻게 편성되었을까? 고려의 경우는 순검사(巡檢使)·금군(禁軍) 등 왕조의 공적인 군대를 이용하는 경우가 많았다. 독자의 병력으로서는 악소(惡少)라든가 사사(死士)·용사(勇士)·장사(壯士) 등으로 불리는 부동적(浮動的)인 무용자(武勇者), 가동(家僮)이라 불리는 노예 신분, 문객(門客: 비교적 자유로운 결합관계에 있는 종자)이라 불리는 사적인 가신단의 세 가지를 들 수 있다. 무인 배하의 최대 병력인 도방(都房)은 이들을 몇 개의 번(番)으로 편성하여 교대로 무인의 수장을 경호하는 조직이었다.

도방은 경대승이 정중부를 제거하고 정권을 장악한 직후인 1179년에 처음 설치되었다. 당초는 경대승이 신변의 위협을 느껴 다수의 장사들을 불러 모은 동거동숙 집단이었다. 최충헌의 시대가 되면, '문무관·한량(閑良: 6품 이하 양반의 자제로서 미임관자)·군졸'을 막론하고 힘이 센 자들을 모두 불러들여 도합 3,000명이 여섯 번으로 나누어 날마다 교대로 최충헌의 저택에 숙직하는 제도가 되었다.

하지만 무신과 도방의 사병 사이에는 일본과 같은 토지 급여의 사실을 확인할 수 없다. 무신의 도방은 헤이시나 요리토모의 고케닌제와 비교할 수 있지만, 무신들은 권력을 탈취했을 때에는 소수의 사병 이외에 주로 중앙군의 병졸에 의존하였고, 권력과 부를 쌓은 후에 비로소 제대로 사병집단을 가질 수 있었다. 반면에 일본의 군사귀족은 이전부터 일정 수의 종자(從者), 즉 게닌을 거느리고 있었다.

도방에 의한 숙직 제도는 가마쿠라도노를 수위(守衛)하는 '가마쿠라반야쿠(鎌倉番役)'와 유사한데, 고케닌제와의 큰 차이는 종자의 군사적 봉사에 대한 반대급부로써 토지의 보증이나 급여가 제도적으로 미숙했던 점이다. 무인의 수장이 사유지의 관리를 문객이나 가동에게 맡기는 예는 있지만, 수장 자신의 사유지가 아닌 종자의 영지를 수장이 보증 또는 급여하는 일은 없었다. 그 결과 무신정권은 사람의 지배와 토지의 지배를 통일하여 왕권의 외부에 자립적인 기반을 구축하지 못했던 것이다.

사병집단의 역할

최씨의 사병조직은 최씨 집정의 신변호위 조직의 범위를 넘어서지 못했다. 그러므로 국가의 공적 군사력은 삼별초라는 형태로 재건되었다. 국내의 치안을 담당하는 야별초(夜別抄)와 몽골 항쟁에 앞장섰던 신의군(神義軍)으로 구성된 삼별초는 형해화(刑骸化)한 경군(京軍)을 대신하는 새로운 중앙군조직이었다. 한편, 막부의 고케닌제는 가마쿠라도노의 신변을 호위하는 동시에, 교토오반야쿠(京都大番役)[1]와 같은 다이리(內裏: 천황의 거처), 즉 왕권을 윤번으로 경위(警衛)하는 군역도 근무해야 했다. 가마쿠라도노에 충성을 서약한 사병집단이 그대로 국가의 공적 군사조직이기도 했던 것이다.

지역성

지역적 자립으로서 가마쿠라

일본의 무사정권인 막부와 고려 무신정권과의 가장 커다란 차이점은 무엇보다 막부가 구래의 왕권 소재지에서 멀리 떨어진 가마쿠라라는 곳을 본거지로 택했다는 것이다. 이로써 막부는 동국이라는 교토의 지배력이 미치지 않는 광대한 지역을 권력 기반으로 할 수 있었다. 가마쿠라는 무사정권의 독자적인 중앙권력기구가 소재한 곳이자, 동국 각지에서 교통로가 집중하는 일종의 무사정권의 '수도'와 같은 곳이었다. 그러한 지역적 자립은 요리토모 개인이 갑자기 획득한 것이 아니라, 간토 지방에 내려왔던 헤이시나 겐지가 오랜 기간 배양해왔던 것이다.

수도 개경으로의 집권성

반면 고려 무신정권은 어디까지나 왕조의 수도 개경을 무대로 하는 권력투쟁을 통하여 패권을 획득하였다. 정권의 권력기구나 군사력은 기존의 왕조기구에서 완전히 독립하지 못했다. 수도에 있으면서 왕조기구의 중추부의 지배를 목표로 하는 것이 무신들이 취한 전략이었다. 지역에 뿌리를 가진 세력으로서는 미숙하였고, 왕조의 중앙기구에 의존한 면에서 헤이시 정권과 유사했다고 할 수 있다.

무신정권이 지역적 기반을 가질 수 없었던 제일의 이유는, 고려의 왕조국가가 중세의 일본과는 달리, 중앙집권적인 관료제를 기축으로 성립해 있던 것에서 찾을 수 있다. 지방에 있으면 국가체제를 크게 변혁하는 것이 불가능했던 것이다. 이러한 집권성은 고려가 일본보다 훨씬 강하고 지속적인 대외적 긴장 아래 놓여 있었던 것과 밀접한 관련이 있다. 대외적 위기에 대비하는 군사체제는 일원화된 의사결정과 그 의사가 말단에 신속하게 전달될 필요가 있기 때문이다.

사회계층의 유동화

권력의 자립도라는 측면에서 무신정권은 가마쿠라 막부보다 훨씬 미숙한 권력이었다. 그러나 무인의 권력을 낳았던 사회계층의 유동화라는 측면에서는 고려가 훨씬 심각하였다. 전왕 의종을 죽이고 상장군에 올랐던 이의민은 노비 신분의 천민이었다. 이의민을 제거한 최충헌은 전통적인 무반 출신이긴 하지만, 그 무반 위에는 더 높은 서열의 문반이 있었다. 이의민이든 최충헌이든 무인의 수장이 되고 나아가 국가의 최고 권력자가 되는 것에 대해서 혈연의 존비(尊卑)는 거의 문제가 되지 않았다.

노예 반란을 이끌었던 만적(萬積) 등이 외쳤던, "장상(將相)에 어찌 종자('種')가 있겠는가?"라는 말이야말로 당시 고려사회의 존비관념의 동요를 웅변하고 있다. 문신에게 억압받았던 무신의 반역은 가장 비천한 신분에까지 해방의 기대를 가져다주었다. 그리고 천민들은 권력의 자리에 앉은 무인까지 뛰어넘어 양천(良賤: 양인과 천민)의 차별이 없는 사회를 지향하기에 이르렀던 것이다.

동시기의 일본을 뒤흔든 겐지와 헤이시의 쟁란과 전국적인 내란은 광범위한 사회를 휩쓴 대동란이었다. 하지만 히닌(非人)이나 게닌(下人) 같은 천민·노예가 신분적 해방을 내걸고 내란에 뛰어드는 일은 일어나지 않았다. 막부권력의 성립은 존비관념의 동요를 초래한 것이 아니라, 무가의 동량에 요리토모와 같은 '귀종'이 요구된 것에서도 알 수 있듯이, 오히려 그 관념을 전제로 하고 있었다. 그리고 이 '귀종'의 궁극적인 연원이자 존귀한 혈통의 정점인 천황의 존재와 역할은 자립적 권력의 지역적 분립이라는 사태에도 불구하고 온존되었다.

지배 이데올로기

최충헌과 미나모토노 요리토모는 모두 정신적인 문제에 큰 관심을 가졌다. 이들은 당시 고려와 일본에 널리 퍼졌던 불교를 적극 후원하였다. 또한 최충헌은 유교를 발전시켜 통치의 근본으로 삼았으며, 요리토모는 신도(神道) 사상을 발전시켰다.

선종·하치만 그리고 유교는 최충헌과 요리토모의 새로운 정권을 정통화하고 고려와 일본에 안정을 가져오는 데 중요한 역할을 했다.

최충헌의 선종 후원과 유교 진흥
선종은 무신 집권기에 급속하게 발전하였다. 최충헌은 주로 정치적인 관심에서 선종을 후원하였다. 오랫동안 왕조와 문벌귀족들과 밀착되어 특혜를 누렸던 교종과 달리, 선종은 정치적 문제에 거리를 두고 있었다. 무신들은 실천과 수행을 강조하는 선종을 지지하였고, 최충헌은 선종에 대한 경건함을 보임으로써 자신의 지배에 정통성을 얻으려고 했다.

또한 최충헌은 사상적 지지 수단의 하나로 유교를 진흥시켰다. 그는 여러 이유에서 유교를 옹호하였다. 정권을 지탱하는 토대 중의 하나는 문인 학자들의 지지였다. 이들의 인정을 얻기 위해서 유교 사상을 발전시켜야 했다. 또 다른 이유는 유교의 원리가 사회의 안정과 질서를 꾀하려는 그의 바람에 적합하였기 때문이다. 그는 유교에 입각한 과거제를 유지했으며 과거 출신의 문인들을 기용하였다. 그는 학자들을 후원하였고 교육시설을 확충하려고 힘썼다.

요리토모의 신도(神道) 사상

요리토모도 불교에 정신적·정치적 지지를 기대하였지만, 그의 종교적 필요의 중심에 있던 것은 토착적인 신도 신앙이었다. 요리토모와 무사들은 불교만이 아니라, 하치만 대보살(八幡大菩薩)이나 다른 신도의 신들에 의지하였다. 요리토모는 하치만신을 자신과 자신의 정권의 수호신으로 택했기 때문에 그의 모든 고케닌이 가마쿠라의 쓰루가오카 하치만궁의 종교행사에 참가하도록 했다.

요리토모와 겐지는 하치만신이 국가의 수호신이자 무가의 수호신으로 특별한 효험이 있다고 믿었다. 요리토모는 하치만을 그의 조상신으로 삼고 자신의 저택 옆으로 옮겨서 자신이 겐지의 정통한 계승자임을 보였다. 더욱이 하치만은 오진 천황의 신령(神靈)이었기 때문에 요리토모는 황실의 혈통과 연결시켜 자신의 위상을 더욱 높일 수 있었다.

요리토모의 선승(禪僧) 후원

불교도 요리토모에게 중요했다. 반란 이후 그는 신사와 사원을 보호하는 것이 자신의 역할이라고 선언했다. 그는 실제 선종(禪宗)에 대해 잘 알지 못했지만, 젊은 선승 에이사이(榮西)를 후원하였다. 막부가 선종에게 기대한 것은 에이사이의 중국 문화에 대한 지식을 이용하여 정권에 신임과 권위를 부여하는 데 있었다. 선종은 요리토모가 사망하고 호조씨가 권력을 잡은 후에 크게 발전하였지만, 그 시작은 요리토모의 시대까지 거슬러 오른다.

요리토모의 유교 사상

요리토모가 유교를 진흥시킨 흔적은 없다. 하지만 교토에서 내려온 왕조의 귀족관료가 요리토모의 측근으로 중용되었다. 요리토모는 왕조로부터 유교적 선정(善政)·무민(撫民) 사상을 수용하였으며, 이것은 무력으로 권력을 잡은 요리토모에게 불가결한 지배 이데올로기의 하나로 기능하였다. '무민'사상은 특히 호조씨가 막부의 주요 지배이념으로 주창·표방하였지만, 그 선구는 요리토모에서 찾을 수 있다.

그렇다고는 해도 중세의 일본은 고려와 달리 유교가 개인과 사회를 규율하는 강고한 규범이 될 수는 없었다. 일본 고대·중세의 사회에서 유교는 학문 분과의 하나인 유학(儒學)이었고, 그것도 주로 박사가(博士家)의 가업의 형태로 존재했다. 유교를 정신의 골격으로 삼는 고위 귀족이 있었지만 극히 예외적인 경우였고, 고려사회처럼 유교적 지식과 교양을 요하는 과거제 또한 실시되지 않았다.

대결과 타협… '난세의 영웅'이 되다

　미나모토노 요리토모는 매우 복잡하고 다면적인 인물이었다. 본래 무사가 군사귀족에서 유래한 점에서 그는 무사신분이었다. 하지만 요리토모는 지방에서 영주로 성장해온 일반 무사와는 달랐다. 천황 혈통을 가진 중앙 군사귀족 문벌 가문이었고, 그러한 '귀종'의 자격으로 지방 무사들을 결집시킬 수 있었다. 그에게는 왕조를 지탱하는 귀족과, 지방 무사를 이끄는 수장이라는 두 가지 측면이 동시에 존재했다. 귀족적이면서 무사적인 요리토모의 양면성은 그의 생애를 돌아보면 자명해진다.

　파란만장했던 그의 53년 생애는 크게 세 단계로 나눌 수 있다. 교토에서 태어나 귀공자로서 성장했던 13년의 유복한 시절, 14세에 동국 이즈에 유배된 이후 20년에 걸친 고난의 시절, 34세에 거병하여 재기에 성공하고 권좌에 오른 인생의 황금기. 왕조문화에 대한 소양과 친근감은 어린 시절 교토에서 형성되었고, 유배자의 몸으로 동국의 거친 무사들에게 둘러싸여 보냈던 젊은 시절의 경험은 동국 무사에 대한 이해를 높여주었음이 틀림없다. 가마쿠라 막부의 성립은 이러한 요리토모의 인생 경로와 밀접한 관련을 맺고 있다.

1180년 거병 직후 요리토모가 동국의 독립국가를 수립했을 때는 동국 무사들을 규합하는 데 힘썼던 시기다. 그러나 가마쿠라도노로서 자신의 지위를 확립한 이후에는 왕조에 접근하여, 1183년 동국에 대한 행정적 지배권을 인정받는 데 성공하였다. 1185년에는 요시쓰네와의 대립 속에서 왕조를 압박하여 전국적인 군사경찰권을 획득하였다. 요리토모는 반란자에서 출발했지만, 곧바로 왕조의 정통성을 받아들이고 자신을 합법적인 권력으로 공인받았으며, 나아가 유일한 무력의 보지자로서 왕조를 받드는 군사 권문으로 자리매김했다.

동국 무사들에게 요리토모는 자신들의 영주로서의 지배권을 보증해주는 무사정권의 창시자였다. 그러나 이들의 기대에 반해서 요리토모는 동국의 독립적인 지배를 포기하고 왕조의 통치권을 받아들였으며, 또한 자신들의 무력으로 왕조를 수호하는 역할을 맡도록 했다. 동국의 무사를 지지 기반으로 하면서도 그들의 입장을 억제하고 왕조에 접근하는 노선을 택했다.

한편, 왕조로서는 내란으로 통치권이 미치지 않았던 동국으로부터 연공을 받는 대신에 동국의 행정권을 그에게 넘겨야 했으며, 또한 요리토모 휘하에 결집된 동국 무사들의 무력 앞에서 전국의 군사경찰권을 인정하지 않을 수 없었다. 동국에 독립적인 국가가 존립하거나 동국 무사들의 무력을 왕조가 통제할 수 없는 상황보다는 그 편이 훨씬 나았을 것이다.

요리토모는 왕조와 동국 무사의 대척점 사이에서 자신의 권력을 유지·강화하는 데 진력하였다. 동국 무사들의 무력을 토대로 왕조와 대립하거나 또는 타협하면서 자신의 정권을 만들어갔다. 왕조국가를 수호하는 군사 권문의 역할을 자임하는 한편, 왕조로부터 독립적인 군사정권으로서의 행보도 보였다. 동국 무사들에게는 권익을 보장해주는 주군이었지만, 왕조의 권위에 밀착해서 자신들의 행동을 억압하는 전제적인 독재자이기도 했다.

그가 사망한 후 아들 미나모토노 요리이에가 후계자로서 독재정치를 시도했지만, 외척 호조씨를 비롯하여 막부의 유력 고케닌들이 반발한 것은 그간 요리토모에게 억압되어온 무사층의 불만을 반증해준다. 한편 왕조에서는 고토바 상황의 독재정치가 시작되어 이윽고 막부까지 포섭하려는 움직임이 나타났는데, 이러한 반격은 왕조에 대해 일관성을 결여했던 요리토모의 정책과 무관하지 않다.

전체적으로 요리토모의 사상과 행동에는 혁신과 보수, 강경과 유연이란 요소가 착종(錯綜)되어 있다. 이것은 단지 그 개인의 문제가 아니라, 그 시대가 낡은 것과 새로운 것이 충돌하는 역사의 커다란 변혁기였음을 말해준다. 요리토모가 창립한 가마쿠라 막부도 그러한 시대의 산물이었다.

주
—

제1장
1) 종5위하에 서임되는 것. 5위 이상은 통귀(通貴)라고 불리며 6위 이하와는
크게 구별되었기 때문에 서작은 귀족사회의 일원으로 인정받는 것을 의
미했다.

제2장
1) 7세기 중반부터 이키(壱岐)·쓰시마(対馬)·지쿠시(筑紫) 등 규슈 북부의 방
위를 위해 배속된 병사. 각 지방의 병사가 3년 교대로 복무했는데 730년
부터는 동국 병사에 한정되었다. 그 후 몇 차례 제도가 개폐되다가 10세
기 초에는 유명무실해졌다.
2) 섭정(攝政)·관백(關白)이 될 수 있는 가문. 섭정은 천황을 대신해서 정무
를 보는 후견인의 직책으로 천황이 어릴 때 임명되었다. 천황이 성인이 되
면 관백에 임명되었다. 천황의 외척이자 최상위 귀족 가문이었던 후지와
라씨(藤原氏)가 임명되는 것이 관례였다.
3) 고후쿠지(興福寺)나 엔랴쿠지(延曆寺) 등 유력한 사원의 승병이 신목(神
木)·신여(神輿)를 들고 무장한 채 교토에 들어와 집단적 시위행동을 하는
것. 강소 대책에 고심한 조정은 무사들의 힘을 빌리려고 했다.
4) 지방의 국(國) 지배권을 특정 공가와 사원 등에게 주어 그 지방의 세금 등
수익을 취할 수 있도록 한 제도. 이 권한을 얻은 자를 지행국주(知行國主)
라고 하며 고쿠시를 임명할 수 있었다. 헤이안 후기에 급증하여 원정과 헤
이시 정권의 재정기반이 되었다. 헤이시의 지행국은 가장 많을 때는 30여
개에 달했는데, 이것은 전국의 거의 반에 해당하는 것이었다.
5) 새롭게 영지를 지급하는 것을 '신은(新恩) 급여(給與)'라고 한다. 그리고
본래 무사가 개발했던 영지의 지배권을 보증해주는 것을 '본령(本領) 안도
(安堵)'라고 한다.

제3장

1) 말 타고 활 쏘는 기사(騎射) 무예의 하나. 삿갓을 과녁으로 삼아 멀리서 화
   살을 쏜 것에서 유래한다.
2) 헤이안 후기에 성립한 기사 무예. 간격을 두고 세 군데 세운 판자 과녁을
   질주하는 말을 타고 연달이 쏘았다. 중세 무사의 내표적인 누예였다.
3) 일본 고대의 신화에서 천손(天孫) 강림 때 니니기노 미코토(瓊瓊杵尊)가
   아마테라스 오미카미(天照大神)로부터 받았다는 거울·구슬·검을 가리킨
   다. 이른바 이들 3종의 신기는 황위계승과 동시에 계승되는 것이 원칙이
   었다. 안토쿠 천황이 단노우라 전투에서 물에 빠져 죽었을 때 소지하고 있
   던 검이 상실되었다.

제4장

1) 막부가 전국의 고케닌에게 부과한 군역의 하나로, 교토의 천황 거처인 다
   이리와 상황의 거처인 인노고쇼(院御所)를 경비하였다. '오반야쿠(大番役)'
   라고도 한다. 막부의 사무라이도코로가 오반야쿠 전체를 통할했으며 각국
   슈고(守護)의 지휘하에 고케닌들이 교대로 근무하였다.

참고문헌

남기학, 『가마쿠라 막부 정치사의 연구』, 한국문화사, 2017.

일본사학회, 『아틀라스 일본사』, 사계절, 2011.

高橋典幸, 『日本史リプレット26 源頼朝 東国を選んだ武家の貴公子』, 山川
　　出版社, 2010.

関幸彦, 『鎌倉殿誕生 源頼朝』, 山川出版社, 2010.

本郷和人, 『NKHさかのぼり日本史⑧　室町・鎌倉 "武士の世"の幕開け』,
　　NHK出版, 2012.

山路愛山, 『源頼朝』, 平凡社, 1987. 〈저본 『時代代表日本英雄伝5　源頼
　　朝』, 玄黄社, 1909〉

山本幸司, 『日本の歴史9 頼朝の天下草創』, 講談社, 2001.

上杉和彦, 『源頼朝と鎌倉幕府』, 新日本出版社, 2003.

安田元久, 『鎌倉開府と源頼朝』, 教育社, 1977.

永原慶二,『源頼朝』, 岩波書店, 1958.

永原慶二編,『人物·日本の歴史 4 鎌倉と京都』, 読売新聞社, 1966.

高橋昌明,「東アジアの武人政権」, 歴史学研究会·日本史研究会編,『日本
　　史講座 3 中世の形成』, 東京大学出版会　2004.

村井章介,「鎌倉幕府と武人政権–日本と高麗」, 同『中世日本の内と外』, 筑
　　摩書房, 1999.

김보한,「고려 무신정권과 일본 중세의 무가정권」, 동북아역사재단편,『역사
　　속의 한일관계』, 동북아역사재단, 2009.

Edward J. SHULTZ, "Ch'oe Ch'unghōn and Minamoto Yoritomo", *Japan
　　Review*(NICHIBUNKEN), 1999, 11.

NAVER 지식백과「미나모토노 요리토모」https://terms.naver.com/entry.nh
　　n?docId=3352582&cid=62070&categoryId=62080

프랑스엔 〈크세주〉, 일본엔 〈이와나미 문고〉,
한국에는 〈살림지식총서〉가 있습니다.

미나모토노 요리토모 무사정권의 창시자

펴낸날	**초판 1쇄** 2019년 8월 30일

지은이	**남기학**
펴낸이	**심만수**
펴낸곳	**(주)살림출판사**
출판등록	1989년 11월 1일 제9-210호

주소	경기도 파주시 광인사길 30
전화	031-955-1350 팩스 031-624-1356
홈페이지	http://www.sallimbooks.com
이메일	book@sallimbooks.com

ISBN	978-89-522-4070-5 04080
	978-89-522-0096-9 04080 (세트)

※ 값은 뒤표지에 있습니다.
※ 잘못 만들어진 책은 구입하신 서점에서 바꾸어 드립니다.
※ 각각의 그림에 대한 저작권을 찾아보았지만, 찾아지지 못한 그림은
   저작권자를 알려주시면 그에 맞는 대가를 지불하겠습니다.

이 도서의 국립중앙도서관 출판시도서목록(CIP)은 서지정보유통지원시스템 홈페이지
(http://seoji.nl.go.kr)와 국가자료공동목록시스템(http://www.nl.go.kr/kolisnet)에서
이용하실 수 있습니다.(CIP제어번호: CIP2019028959)

책임편집·교정교열 **최정원 이상준**

인물로 보는 일본역사 시리즈 전11권

홍성화 외 10인 지음

2019년 3·1 운동 100주년 기념, 2020년 8·15 광복 75주년을 기념하여 일본사학회가 기획한 시리즈. 가깝지만 멀기만 한 일본과의 관계를 돌아보기 위해 한국사와 밀접한 대표적인 인물 11명의 생애와 사상을 알아본다.

577 왜 5왕(倭 五王)
수수께끼의 5세기 왜국 왕 (인물로 보는 일본역사 1)

홍성화(건국대학교 글로컬캠퍼스 교양대학 역사학 교수) 지음

베일에 싸인 왜 5왕(찬·진·제·흥·무)의 실체를 파헤침으로써 5세기 한일관계의 실상을 재조명한다.

> **키워드** 🔍

#왜국 #왜왕 #송서 #사신 #조공 #5세기 #백제 #중국사서 #천황 #고대

578 소가씨 4대(蘇我氏 四代)
고대 일본의 권력 가문 (인물로 보는 일본역사 2)

나행주(건국대학교 사학과 초빙교수) 지음

일본 고대국가에 커다란 족적을 남긴 백제 도래씨족 소가씨. 그중 4대에 이르는 소가노 이나메(506?~570)·우마코(551?~626)·에미시(?~645)·이루카(?~645)의 생애와 업적을 알아본다.

> **키워드** 🔍

#일본고대 #도래인 #외척 #불교 #불교문화

579 미나모토노 요리토모(源賴朝)
무사정권의 창시자 (인물로 보는 일본역사 3)

남기학(한림대학교 일본학과 교수) 지음

무사정권의 창시자 미나모토노 요리토모(1147~1199)의 파란만장한 생애와 사상의 전모를 밝힌다.

> **키워드** 🔍

#무사정권 #가마쿠라도노 #무위 #무민 #신국사상 #다이라노 기요모리 #고시라카와 #최충헌

580 도요토미 히데요시(豐臣秀吉)

일본 통일을 이루다 (인물로 보는 일본역사 4)

이계황(인하대학교 일본언어문화학과 교수) 지음

동아시아 국제전쟁으로서의 임진왜란과 난세를 극복하고 일본천하를 통일한 도요토미 히데요시(1537~1598)를 통해, 일본을 접근해본다.

키워드

#센고쿠기 #오다 노부나가 #도쿠가와 이에야스 #임진왜란 #강화교섭 #정유재란

581 요시다 쇼인(吉田松陰)

일본 민족주의의 원형 (인물로 보는 일본역사 5)

이희복(강원대학교 일본학과 교수) 지음

일본 우익사상의 창시자 요시다 쇼인(1830~1859). 그가 나고 자란 곳 하기 시(萩市)에서 그의 학문과 사상의 진수를 눈과 발로 확인한다.

키워드

#병학사범 #성리학자 #국체사상가 #양명학자 #세계적 보편성 #우익사상 #성리학

582 시부사와 에이이치(渋沢栄一)

일본 경제의 아버지 (인물로 보는 일본역사 6)

양회모(인천대학교 동북아 통상학과 강사) 지음

경제대국 일본의 기초를 쌓아올린 시부사와 에이이치(1840~1931). '일본 경제의 아버지'라 불리는 그의 삶과 활동을 조명한다.

키워드

#자본주의 #부국강병 #도덕경제론 #논어와 주판 #민간외교 #합본주의

583 이토 히로부미(伊藤博文)

일본의 근대를 이끌다 (인물로 보는 일본역사 7)

방광석(동국대학교 대외교류연구원 연구교수 · 전 일본사학회 회장) 지음

침략의 원흉이자 근대 일본의 기획자 이토 히로부미(1841~1909)의 생애를 실증적·객관적으로 살펴본다.

키워드

#입헌 정치체제 #페번치현 #대일본제국헌법 #쇼카손주쿠 #천황친정운동 #을사늑약 #한국병합

584 메이지 천황 (明治天皇)

일본 제국의 기초를 닦다 (인물로 보는 일본역사 8)

박진우(숙명여자대학교 일본학과 교수) 지음

메이지 천황(1852~1912)의 '실상'과 근대 이후 신격화된 그의 '허상'을 추적한다.

키워드 Q

#메이지유신 #메이지 천황 #근대천황제 #천황의 군대

585 하라 다카시 (原敬)

평민 재상의 빛과 그림자 (인물로 보는 일본역사 9)

김영숙(고려대학교 한국사연구소 연구교수) 지음

일본 정당정치의 상징이자 식민지 통치의 설계자. 평민 재상 하라 다카시(1856~1921)를 파헤친다.

키워드 Q

#정당정치 #문화정책 #내각총리대신 #평민 재상 #입헌정우회 #정우회

586 히라쓰카 라이초 (平塚らいてう)

일본의 여성해방운동가 (인물로 보는 일본역사 10)

정애영(경상대 · 방송통신대 일본사 · 동아시아사 강사) 지음

일본의 대표 신여성 히라쓰카 라이초(1886~1971). 그녀를 중심으로 일본의 페미니즘 운동과 동아시아의 신여성을 조명한다.

키워드 Q

#신여성 #세이토 #신부인협회 #일본의 페미니즘 #동아시아 페미니즘 운동
#동아시아 신여성

587 고노에 후미마로 (近衛文麿)

패전으로 귀결된 야망과 좌절 (인물로 보는 일본역사 11)

김봉식(고려대학교 강사) 지음

미 · 영 중심의 국제질서에 도전하고 독일 · 이탈리아와 동맹을 강화하여 전쟁의 참화를 불러온 귀족정치가. 고노에 후미마로(1891~1945)의 생애와 한계를 살펴본다.

키워드 Q

#중일전쟁 #태평양전쟁 #신체제 #일본역사

eBook 표시가 되어있는 도서는 전자책으로 구매가 가능합니다.

㈜살림출판사
www.sallimbooks.com
주소 경기도 파주시 문발동 522-1 | 전화 031-955-1350 | 팩스 031-955-1355